Shewai Minshangshi
Caipan Wenshu Shifa Shuoli Wenti Yanjiu

涉外民商事
裁判文书释法说理问题研究

马永梅 著

·广州·

版权所有　翻印必究

图书在版编目（CIP）数据

涉外民商事裁判文书释法说理问题研究/马永梅著. —广州：中山大学出版社，2020.7

ISBN 978-7-306-06904-7

Ⅰ. ①涉… Ⅱ. ①马… Ⅲ. ①涉外案件—民事纠纷—法律文书—研究—中国 Ⅳ. ①D926.134

中国版本图书馆 CIP 数据核字（2020）第 131540 号

出 版 人：王天琪
策划编辑：徐诗荣
责任编辑：徐诗荣
封面设计：曾　斌
责任校对：麦晓慧
责任技编：何雅涛
出版发行：中山大学出版社
电　　话：编辑部 020-84110283，84113349，84111997，84110779
　　　　　发行部 020-84111998，84111981，84111160
地　　址：广州市新港西路 135 号
邮　　编：510275　　传　　真：020-84036565
网　　址：http://www.zsup.com.cn　E-mail：zdcbs@mail.sysu.edu.cn
印 刷 者：广州市友盛彩印有限公司
规　　格：787mm×1092mm　1/16　11 印张　163 千字
版次印次：2020 年 7 月第 1 版　2020 年 7 月第 1 次印刷
定　　价：39.00 元

如发现本书因印装质量影响阅读，请与出版社发行部联系调换本书为教育部人文社会科学研究一般项目"涉外民商事判决文书释法说理问题研究"（项目编号：15YJA820019）的研究成果

目　　录

引　言 ……………………………………………………………… 1

第一章　涉外民商事裁判文书释法说理的认识发展 …………… 5
　第一节　民事裁判文书释法说理的发展阶段 …………………… 7
　　一、民事裁判文书制作的规范化阶段（1980—1999）………… 7
　　二、民事裁判文书释法说理的初创期（1999—2013）………… 8
　　三、民事裁判文书释法说理的深化期（2013—2018）………… 9
　　四、民事裁判文书释法说理的体系化时期（2018 年
　　　　至今）……………………………………………………… 11
　第二节　涉外民商事裁判文书释法说理的含义与原则 ………… 11
　　一、事实认定中的事理阐明 ……………………………………… 13
　　二、法律适用中的法理释明 ……………………………………… 13
　　三、推理论证中的情理讲明 ……………………………………… 14
　　四、措辞安排中的文理讲究 ……………………………………… 15
　　五、裁判文书的引用规范及格式要求 …………………………… 16
　第三节　涉外民商事裁判文书释法说理之价值 ………………… 17
　　一、涉外民商事裁判文书何以需要说理 ………………………… 17
　　二、涉外民商事裁判文书释法说理之功能实现 ………………… 20
　第四节　涉外民商事裁判文书释法说理的适用指向 …………… 21
　　一、程序性事项说理 ……………………………………………… 22
　　二、证据判断说理 ………………………………………………… 22
　　三、事实认定说理 ………………………………………………… 23
　　四、法律适用说理 ………………………………………………… 23

第二章　涉外民商事裁判文书释法说理现状之类型化分析 …… 25
第一节　涉外民商事裁判文书对案件性质的释法说理 …… 28
一、案件性质认定说理阐释的一般理论 …… 28
二、案件涉外性认定的说理阐释 …… 31
三、案件具体法律关系认定的说理阐释 …… 34
第二节　涉外民商事裁判文书对法律适用的释法说理 …… 37
一、法律一般规定与特别规定的适用 …… 38
二、意思自治原则的法律适用 …… 41
三、最密切联系原则的法律适用 …… 49
第三节　涉外民商事裁判文书释法说理的其他问题 …… 57
一、涉港、澳、台民商事裁判文书的释法说理 …… 57
二、法律适用说理的理由阐释 …… 63
三、法律条文的引用规范 …… 64
第四节　涉外民商事裁判文书释法说理的相关制度配给 …… 66
一、规范涉外民商事案件的流程处理 …… 67
二、规范法律适用的逻辑阐释 …… 68
三、构建统一的我国涉外民商事法律体系 …… 68
四、强化涉外民商事裁判文书评价体系的释法说理论证 …… 69

第三章　司法三段论视角下的涉外民商事裁判文书释法说理 …… 71
第一节　司法三段论与涉外民商事裁判的可接受性 …… 73
一、司法裁判中的事实认定与法律适用 …… 73
二、司法三段论推理下的裁判结论 …… 75
三、涉外民商事诉讼程序中司法三段论之特殊性 …… 77
第二节　涉外民商事裁判中小前提的确定与说理 …… 79
一、事实认定与说理 …… 79
二、心证公开与说理 …… 82
第三节　涉外民商事裁判中大前提的确定与说理 …… 85

一、法律规范的寻找与发现 …………………………………… 86
　　二、认定事实与法律规范的涵摄 ……………………………… 89
　　三、法律规则的创制 …………………………………………… 93
　　四、涉外民商事诉讼当事人与法官互动中的司法三段论 …… 95
　　五、小结 ………………………………………………………… 97

第四章　涉外民商事裁判文书释法说理中的法律适用阐明 ………… 99
　第一节　法律适用阐明在涉外民商事诉讼程序中的特殊表现 …… 101
　　一、阐明权与涉外民商事诉讼构造 …………………………… 101
　　二、法律适用阐明在涉外民商事诉讼程序中的复杂性 ……… 105
　第二节　涉外民商事诉讼程序中法律适用阐明之现实运作 ……… 107
　　一、涉外民商事诉讼程序中法律适用阐明之现状 …………… 108
　　二、涉外民商事裁判文书法律适用阐明的正当化论证
　　　　分析 ………………………………………………………… 116
　第三节　涉外民商事裁判文书法律适用阐明的完善 ……………… 120
　　一、确立辩论主义原则 ………………………………………… 121
　　二、实现当事人权利与法院阐明权之间的平衡 ……………… 122
　　三、促成法官与当事人于法律见解共识的达成 ……………… 123
　　四、明确不当阐明的救济程序 ………………………………… 124
　　五、完善指导性案例制度 ……………………………………… 124

第五章　可接受性视角下的涉外民商事裁判文书释法说理 ………… 127
　第一节　法律商谈与裁判文书的可接受性 ………………………… 129
　　一、自交往理性至法律商谈 …………………………………… 129
　　二、法律商谈下裁判结论的可接受性 ………………………… 131
　第二节　裁判可接受性与涉外民商事裁判文书释法说理 ………… 132
　　一、法律商谈于涉外民商事诉讼程序之必然与可行 ………… 132
　　二、法律商谈于涉外民商事诉讼程序的具体样态 …………… 137

三、可接受性与公众对涉外民商事裁判文书心理预期之
    契合 …………………………………………………… 139
四、可接受性与我国涉外民商事诉讼程序之重塑 ……… 143
五、小结 …………………………………………………… 147

**第六章　涉外民商事裁判文书释法说理与所涉相关制度的完善
　　　　分析** …………………………………………………… 149
第一节　涉外民商事裁判文书释法说理与指导性案例制度 ……… 151
一、指导性案例的效力与裁判文书释法说理 …………… 151
二、指导性案例在涉外民商事诉讼程序中的应用分析 …… 153
三、涉外民商事裁判文书释法说理对指导性案例的规范化
    要求 …………………………………………………… 155
第二节　涉外民商事裁判文书释法说理与法律解释 ……………… 161
一、涉外民商事裁判中法律解释之必要 ………………… 161
二、涉外民商事裁判文书释法说理中的法律解释与法律
    推理 …………………………………………………… 163

尾　论 ……………………………………………………………… 168

引　言

　　裁判文书是具有国家意志属性的认知行为，裁判公开制度旨在法律框架内最大限度地实现公正，即借由法官之手，重新分配并输送社会正义，经由特定语言和措辞的使用表达，拉近立法者和直接受裁判文书约束的当事人乃至法律与社会公众之间的距离。作为纠纷解决的传统手段，司法方式的纠纷解决过程集中体现在裁判文书中，裁判文书在相当程度上折射出司法裁判定分止争、案结事了的制度功能。而就"社会调整的角度看，司法又是对社会生活的具体介入形式，它直接代表着法的品格和形象"①。尽管在涉外民商事纠纷中，相当多的当事人会选择仲裁方式来解决其间纷争，然而涉外民商事诉讼程序仍为涉外民商事纠纷的重要解决方式。由于诉讼的专业化程度与社会公众法律知识之间存在很大差距，法院经由审理，以判决方式对涉外民商事诉讼当事人的实体权利及义务依法做出认定和判断，以判决宣示当事人实体权利及义务的过程，是诉讼技术与当事人诉讼能力综合作用的合力结果。法院判决不仅承载着定分止争、息诉服判的功能，更彰显出司法裁判的权威性，而息诉服判功能的实现正是通过法院的事实认定和法律适用得以完成。因涉外民商事纠纷法律选择方法之特殊性，在涉外民商事审判中，对案件性质的界定、法律选择原理和法律适用结果均表现出不同于国内民商事案件的特别之处。另外，涉外民商事判决通常需要外国法院的协助承认和执行，这些因素均对涉外民商事裁判文书的释法说理提出了更高要求，要求涉外民商事裁判文书积极能动地回应社会公众的司法需求，沉着从容地面对域外同行专业严格的判决承认与执

---

　　① 舒国滢：《从司法的广场化到司法的剧场化———一个符号学的视角》，载《政法论坛》1999年第3期，第12页。

行审查。

　　法院受理涉外民商事纠纷是对纠纷性质进行识别，并对本法院受案管辖范围确定的结果。在受案之后的审理程序中，经双方当事人辩论和法官阐明，法院对当事人的事证主张和证据资料依法进行裁判，整个审理环节交织着实体问题、程序问题以及法律适用问题的呈现和解决。经由事实认定、法律适用等不同阶段的依次推进，当事人的程序权利得以全面实现，当事人的程序权利和实体权利借由法院判决而最终固化。法院判决无疑应以理性专业的法律语言，全面准确地记录、阐释前述诉请主张、质证、辩论以及法律适用过程，完整记载司法者在审判程序中的职责行使状况以及行使后果，当事人双方之间以及当事人与法官之间的沟通交流、事实认定向法律适用的推移、法律对事实的涵摄以及事实认定与法律适用二者之间来回往复的精彩过程皆经由一纸判决而跃然呈现。法院裁判文书正是将生动多姿的前述过程予以有形展示的仪式和载体，是案件于法庭内外的完整记述，是法律理念和法律精神的宣示，是践行公正的权利张扬，应能经受当事人、案外人等社会公众和法律从业者的反复咀嚼和评判。在我国内地目前司法审理程序尚未能完全对社会开放的大背景下，裁判文书成为社会公众关注司法改革、司法公正最直接的、最简单的形式。

　　较之于其他的法院审理程序而言，涉外民商事诉讼程序的专业性和技术性更强。诉讼程序中较强的专业技术问题，常使得涉外民商事诉讼程序更加冗长复杂，这一专业技术特点也相应地对涉外民商事诉讼裁判文书的书写提出了更高的要求，法院对涉外民商事裁判文书的书写也应更加精准得当。尤其是涉外民商事审判中特殊的定性问题、法律适用问题更应该在裁判文书中多着笔墨，法律适用方法和法律选择理论以及以此为指导的具体法律选择规则与规则的具体应用也是裁判文书书写的重中之重。其中，涉外国民商事案件和涉港、澳、台民商事案件的识别和管辖权确定方法的不同书写，涉外国民商事案件和涉港、澳、台民商事案件在法律适用阶段有关相同制度的不同适用情形（如冲突规范适用中所涉制度的不同表现、统一实体法条约适用中的特殊问题等）的书写，均为我国内地法院涉外民商事裁判文书书写中极易发生混淆或表达准确性欠佳的主要方面。我国内地涉外民商事裁判文书释法说理中对形式逻辑推理和法官阐明往往着笔甚少，往往较少谈及法官的裁判是否受辩论主义和当事人处分权的约束，对法律适用理由和基本适法推理过程往往语焉不详，适法推理和适法结果之间有时不能依循妥帖的逻辑推论原理，或者适法结果与适法推理之法律选择方法乃至对纷争识别定性之间难以相互印证。无论是从确定判决对当事人和社会公众具有的司法公信力或者司法权威的实现程度，还是从内地法院涉外民商事裁判文书请求域外法院承认和执行的司法协助角度而言，上述问题都对涉外民商事裁判文书目标的实现构成实质性的障碍。而事实上，这些涉外民商事裁判文书的书写瑕疵皆可经由法官职业技能的提升而得以避免（尽管臻致完美的过程注定较为漫长），如此，即便涉外民商事裁判文书的书写在某些方面也许仍然不够饱满圆润，但至少不会由于释法说理的含混模糊而削减判决的公信力和权威性。

长期以来，我国裁判文书呈现出的格式化或标准化，使得裁判文书的书写似乎已形成一种固定的书写模式。有的法官按部就班地将特定字词以一定方式排列组合，逐一呈现格式化的事实列举和法律适用，最后以"法院认为"为书写收尾，于是，裁判文书的书写就在这一固定模式中"完美"收工了。

强化法官对裁判文书的释法说理，一直是我国司法改革进程中的重要目标之一。20世纪末以来，法院与当事人之间分权制约的诉讼机制和诉讼程序是我国司法改革力图构筑的重要纲领性诉讼框架，而强化裁判文书的释法说理则是该诉讼框架的集中体现。1999年10月，最高人民法院颁布了第一个《人民法院五年改革纲要（1999—2003）》；至2015年2月，最高人民法院发布了《最高人民法院关于全面深化人民法院改革的意见——人民法院第四个五年改革纲要（2014—2018）》（简称《四五纲要》）。在以往法院改革纲要要求加快裁判文书改革步伐、提高裁判文书质量、增强判决说理性的基础上，《四五纲要》更加全面地改革了审判权力运行机制和审判公开制度，提出进行裁判文书说理改革、完善裁判文书说理的刚性约束机制和激励机制，建立裁判文书说理的评价体系，实现裁判文书不仅记录裁判过程而且公开裁判理由，使裁判文书真正成为向社会公众展示司法公正形象的载体和进行法制教育的生动教材的基本目标，将"司法为民"提升到相当高度，延续"给当事人公正裁判"的传统思路。较之于国内民商事裁判文书而言，涉外民商事裁判文书的制作是否精良、推理是否合乎逻辑，不仅影响涉诉信访和裁判认同问题，而且由于裁处纷争的涉外因素，使得涉外民商事裁判文书的释法说理更加关涉国际社会和本国民众对我国内地法官整体司法水准和法治国家形象的评判。另外，随着指导性案例制度和裁判文书公开上网制度的逐步完善，涉外民商事裁判文书的严谨说理和充分释法阐明等问题都将是学界和司法界关注的重点。

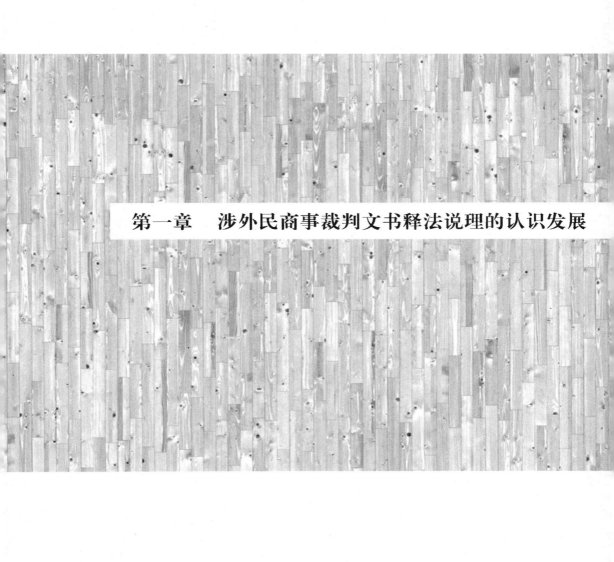

第一章　涉外民商事裁判文书释法说理的认识发展

法不只是评价性的规范，它也将是有实效的力量。一个超国家的法要想变得有实效，就不应高悬于我们之上的价值的天空，它必须获得尘世的、社会学的形态。而从理念王国进入现实王国的门径，则是谙熟世俗生活关系的法官。正是在法官那里，法才道成肉身。①

——古斯塔夫·拉德布鲁赫

---

① ［德］古斯塔夫·拉德布鲁赫：《法律智慧警句集》，舒国滢译，中国法制出版社2001年版，第36页。

第一节 民事裁判文书释法说理的发展阶段

于我国而言，裁判文书释法说理是和新中国法治建设同步而行的，在近来的几十年中，裁判文书释法说理逐渐引起法律界以及社会各界的重视，裁判文书释法说理的具体内容在不断丰富，释法说理的精细化程度也在不断提高。作为民事裁判文书的特别形式，除了在具体程序问题、法律适用问题方面的特殊之处以外，涉外民商事裁判文书的制作也遵循着民事裁判文书的一般格式和内容要求，民事裁判文书释法说理的深化过程也在一定程度上映射出涉外民商事裁判文书释法说理不断强化的运行轨迹。

一、民事裁判文书制作的规范化阶段（1980—1999）

长期以来，承袭苏联模式，我国裁判文书由事实、理由、主文三段构成。20世纪80年代初，《中华人民共和国民事诉讼法（试行）》以及最高人民法院制定的与民事诉讼程序相关的一系列司法解释意见的公布实施[1]，使得民事诉讼文书的规范化有了明确的法律依据和书写参照。此一时期，最高人民法院发布的《民事诉讼文书样式》是第一个系统规范民事裁判文书样式的司法文件。为配合《中华人民共和国民事诉讼法》（简称《民事诉讼法》）的实施，1992年最高人民法院发布的《法院诉讼文书样式（试行）》以首部、事实认定、裁判理由、裁判结果和尾部"五部曲"的形式对民事裁判文书制作做出了初步的规范要求。在这一阶段，裁判文书的规

---

[1] 例如《最高人民法院关于贯彻执行〈民事诉讼法（试行）〉若干问题的意见》《最高人民法院关于审理经济纠纷案件具体适用〈民事诉讼法（试行）〉的若干问题的解答》等。

范重在文书基本结构和表述内容等格式要素,尚未深入到裁判文书的说理部分。在《法院诉讼文书样式(试行)》对一审民事判决书样式的要求中,判决书主文部分由当事人基本情况、案件由来、原告起诉和被告答辩情况、举证情况、审理查明的事实、本院认为部分和裁判结论几个部分构成。该样式结构仅仅是依循案件审理的发展进程,以当事人双方的诉答资料和法院认定结论为书写重点,却未能凸显当事人双方的争执点,对当事人争执点的评判析理也未能给予充分关注。该样式结构对证据、事实认定和法律适用三个重要的诉讼进程问题各自陈列,缺乏认定事实与适用法律之间的相互涵摄和内在关联,整个裁判文书的前半部分是对事实和证据的罗列陈述,仅在法院认为部分才涉及较少文字的论理评析。尽管此一阶段的民事裁判文书样本几乎未能体现论证说理,然而这些样本却从形式上对裁判文书书写进行了逐步规范,包括裁判文书的制作和格式、内容等方面,而这些制作、格式、内容等都构成了裁判文书释法说理的物质前提。

二、民事裁判文书释法说理的初创期(1999—2013)

这一时期的裁判文书释法说理进程是民事审判方式司法改革推动的结果。1999 年,最高人民法院发布的《人民法院五年改革纲要(1999—2003)》提出增强裁判说理性、提升裁判文书质量的重要目标,其中第二部分第(一)项"进一步深化审判方式改革"第 13 条规定①,"加强对质证中有争议证据的分析、认证,增强判决的说理性"。此时,增强判决说理立基于证据制度改革、审判方式完善的大制度背景之下。2009 年 3 月,《人民法院第三个五年改革纲要(2009—2013)》发布,其中第二部分第五项改革任务"健全司法为民工作机制"中规定了要"增强裁判文书的

---

① 《人民法院五年改革纲要(1999—2003)》第二部分第(一)项第 13 条。

说理性"①，就该内容的上下语境分析，裁判文书释法说理旨在实现审判公开、提高司法透明度，即为促进司法民主而服务。配合裁判文书释法说理工作的进展，最高人民法院制定了一系列有关诉讼文书样式的文件②，并于 2009 年 7 月制定了《最高人民法院关于裁判文书引用法律、法规等规范性法律文件的规定》。这一阶段的裁判文书释法说理重在追求裁判文书形式完整性的同时，也追求裁判文书内容结构的逻辑性，从而实现裁判文书对当事人具有说服力的功能，司法权威在裁判文书中得到彰显。

三、民事裁判文书释法说理的深化期（2013—2018）

2013 年 11 月，党的十八届三中全会通过的《中共中央关于全面深化改革若干重大问题的决定》（简称《三中全会决定》）提出："增强法律文书说理性，推动公开法院生效裁判文书。"2014 年 10 月，党的十八届四中全会通过的《中共中央关于全面推进依法治国若干重大问题的决定》（简称《四中全会决定》）提出："加强法律文书释法说理，建立生效法律文书统一上网和公开查询制度。"

以《三中全会决定》和《四中全会决定》中关于裁判文书说理的篇章结构及位置的变化为标志③，我国政府对法院裁判文书说理性质的认定

---

① "继续推进审判和执行公开制度改革，增强裁判文书的说理性，提高司法的透明度，大力推动司法民主化进程。"参见《人民法院第三个五年改革纲要（2009—2013）》。

② 2009 年 9 月，最高人民法院发布《关于规范民事申请再审案件诉讼文书的规定（试行）》；2011 年 1 月，最高人民法院发布《民事申请再审案件诉讼文书样式》。

③ 在《三中全会决定》第九部分"推进法治中国建设"中的第三十三项改革任务——"健全司法权力运行机制"中，"增强法律文书说理性"成为健全司法权力运行机制的一项具体改革措施；《四中全会决定》在第四部分"保证公正司法，提高司法公信力"的第（四）项——"保障人民群众参与司法"内容中规定了"加强法律文书释法说理"，法律文书释法说理的加强是保障人民群众参与司法的一项具体改革举措。

已然提升到一个新的高度，裁判文书释法说理已成为健全司法权力运行和保障人民群众参与司法两个改革项目的具体内容，构成了司法公开制度的有机组成部分。这一认识的提升可借由最高人民法院司法改革纲要中有关裁判文书说理的规定得到印证。

为贯彻落实上述决定的要求，2015年最高人民法院发布了《四五纲要》，其中，于改革任务第四项"健全审判权力运行机制"中特别列出"推动裁判文书说理改革"条目，并用相当多的笔墨来阐释该条目的具体内容，将推动裁判文书说理改革以单项形式予以规定。① 该纲要强调建立裁判文书说理评价与激励机制，增强裁判结论的说服力和正当性，从而限制法官裁判说理不到位或不说理的恣意行为。党的两个决定和最高人民法院的几个司法改革纲要对裁判文书说理的规定出发点不尽相同，但在逻辑上却是一致的，即都是从司法公开和司法权力制约的立场出发，这种现象实则反映了裁判文书说理的基本价值和功能的多元，是对裁判文书说理价值和功能认识的深化。②

虽然在上述年代中，社会的各个层面对裁判文书改革的呼声持续不断，然而法院司法实践中仍然基本沿袭着1992年最高人民法院判决书样式的试行格式。综观各级人民法院的裁判文书，都存在着结构上的两段论样式，即"经审理查明"和"本院认为"两个固定部分。"经审理查明"一般仅对事实认定的结论予以陈述，裁判文书说理的内容内含于"本院认

---

① 《四五纲要》提出：根据不同审级和案件类型，实现裁判文书的繁简分流，加强对当事人争议较大、法律关系复杂、社会关注度较高的一审案件，以及所有的二审案件、再审案件、审判委员会讨论决定案件裁判文书的说理性。对事实清楚、证据确实充分、被告人认罪的一审轻微刑事案件，使用简化的裁判文书，通过填充要素、简化格式来提高裁判效率。重视律师辩护代理意见，对于律师依法提出的辩护代理意见未予采纳的，应当在裁判文书中说明理由。完善裁判文书说理的刚性约束机制和激励机制，建立裁判文书说理的评价体系，将裁判文书的说理水平作为法官业绩评价和晋级、选升的重要因素。

② 2013年11月，最高人民法院通过了《关于人民法院在互联网公布裁判文书的规定》（该文件已于2016年10月修订）。

为"部分，包含法院对证据的审核认定、事实判断缘由以及纠纷适用的法律依据。这种文书表达结构的优势在于读者能够清晰地了解事实问题和法律适用问题，然而，当事人的陈述内容和陈述是否得到法官的回应以及如何回应却并未在文书中得到应有的体现，当事人举证、质证的主张与过程也未能得以充分体现。

四、民事裁判文书释法说理的体系化时期（2018年至今）

尽管存在着上述诸多关于裁判文书说理的制度性规定，裁判文书说理依然存在零散化、框架化的特点，很多规定仅起着指导性准则的作用，而无具体明确的实践操作性，在文书说理程度、具体细节和效力约束等方面均无统一标准和具体规则。可以说，以上有关裁判文书说理的规定对裁判文书说理的强化意识和倡导意义远大于实践中的具体指导意义。

为切实细化裁判文书释法说理的具体规则，提升全国法院系统裁判文书释法说理的质量，本着"以制度回应社会关切，循规律规范释法说理"的精神，经调研并吸收各方意见，2018年6月11日，最高人民法院发布了《最高人民法院关于加强和规范裁判文书释法说理的指导意见》（法发〔2018〕10号）。至此，以往完全由审案法官自主把握的裁判文书释法说理有了较为具体而明确的规范性指引，裁判文书说理进程进入体系化时期。

第二节 涉外民商事裁判文书释法说理的含义与原则

审判活动是法院对当事人之间发生纠纷的社会关系运用法律规则予以专业评判的专门活动，无论审判程序和审理时间乃至最后的裁判形式如何，审判过程的每个阶段都内含了法官对诉讼当事人及诉讼参与者的及时、充分说理。涉外民商事裁判是以法院发现、认定的事实为基础，结合法官认为适用的相关法律依据及学说观点等，共同推导而得出结论的综合体。尽管法官说理可以不受时间、空间、形式等方面因素的限制，但裁判文书作为法院整个审判活动的最后环节，其本身所具有的公开性、书面性、社会性特点无疑更集中、固定地呈现了整个动态审判过程的说理特点。同样，涉外民商事裁判文书所追求的定分止争、案结事了的裁判目标也对裁判文书释法说理提出了更为规范化、说服化的要求。涉外民商事裁判文书进行释法说理"应立足事理，严守法理，辅以学理，佐以情理，善用文理"①，此"五理"的释法说理标准可谓是学界和实务界公认的规则。其中，事理即案件的事实真相及来龙去脉，法理即裁判所适用的法律依据、司法政策、司法解释和指导案例等，学理即裁判所应用的科学理论与专门知识等，情理即裁判所遵循的公序良俗和社情民意等，文理即裁判所运用的语言、文字、数据、逻辑等。②《最高人民法院关于加强和规范裁判文书释法说理的指导意见》对上述规则予以重申，明确了与"五理"相一致的裁判文书释法说理的基本内容和具体要求。该意见规定，裁判文书释法说理首先应阐明事理，说明裁判所认定的案件事实及其根据和理由，展示案件事实认定的客观性、公正性和准确性；其次，应释明法理，说明裁判所依据的法律规范以及适用法律规范的理由；再次，应讲明情理，体现法理与情理相协调，符合社会主流价值观；最后，应讲究文理，语言规范，表达准确，逻辑清晰，合理运用说理技巧，增强说理效果。③

---

① 胡云腾：《论裁判文书说理与裁判活动说理》，载《人民法院报》2011年8月10日第5版。持类似观点的文章可见何波：《民商事裁判文书的制作与说理》，载《人民司法·应用》2009年第3期；刘学圣：《民事裁判文书的改革与制作》，载《人民司法》2005年第12期。

② 胡云腾：《论裁判文书说理与裁判活动说理》，载《人民法院报》2011年8月10日第5版。

③《最高人民法院关于加强和规范裁判文书释法说理的指导意见》第二条。

涉外民商事裁判文书也概莫能外，也应遵循案件事实认定的基础，依循法律选择理论而选择确定符合案件认定事实的法律，并在必要时以学理观点阐释裁判结论得出过程，书写符合法律逻辑及法律原理并能为社会公众理解和接受的裁判文书。

一、事实认定中的事理阐明

事实为案件审理的物质基础，当事人主张、辩论的事实情节与提出和出示的证据资料之间的相互佐证，直接决定着案件审理中事实认定的走向和法官对认定事实的判断。在涉外民商事案件的事实认定中，需要结合证据资料，做到认定的客观、公正和准确。法官必须说明其所认定的事实是什么以及为何如此认定，即列明认定的案件事实以及该认定事实所依据的证据。这一过程实即认识上由客观真实到法律真实的转变，也是由客观事实到法律事实的转化。法律事实不能完全等同于客观事实，而是向客观事实的无限靠近。

二、法律适用中的法理释明

立足于认定的案件事实，涉外民商事案件的审理法官需要依据法律选择方法选择适用于纠纷解决的适当法律，包括可能适用的国际条约、国际商事惯例、某外国（域）法、法院地法中的冲突法及实体法规范，法官需要对该法律规范及其具体含义进行阐释。案件事实需要用具体法律条文的规范来涵摄，法律条文需要用具体案件事实予以说明、阐释和生动化。从法律现实主义视角而言，经由案件事实的承接，法律规范得以具体化为处理结果或裁判规则，法律规范从静态意义转化为动态化呈现。此时，何以适用某法律规范、该法律规范何以取用此种解读而非当事人或法律专家的理解等，皆需法官以法理技艺对裁判所依据的法律规范以及适用的法律规范的理由加以阐释。

《最高人民法院关于加强和规范裁判文书释法说理的指导意见》对案件审理中法律适用的释法说理做了较为细致的规定①，不仅区分诉讼当事人对法律适用有无争议，从而对释法说理标准做出不同要求，而且针对法律适用的积极冲突与消极冲突的不同情形，也设定了释法说理的内容和标准。

三、推理论证中的情理讲明

情理是社会中人与人之间交往的是非标准、伦理要求等自然法则，在社会交往中更多地表现为社会的道德观念、常识、常理、常情。情理在我国古代司法中一直扮演着重要角色。法合人情则兴，法逆人情则竭。我国历史上法律的制定和实施过程，正是对人情社会规则不断总结和崇敬固化的过程。"若礼与律冲突，则屈律而从礼；若情法不能两全，则舍法而取情。"②欲实现司法法律效果与社会效果的统一，"法官必须考虑法律的道德基础，在审理案件时，法律推理不能违反特定社会中的情理"③。作为一种道德因素，情理深深扎根于社会土壤之中而为社会公众普遍理解并接受，在裁判文书释法说理中，无论是从社会意义而言还是从文化意义而言，巧妙运用情理都更易于深层地化解争执。面对复杂又各执一词的纷争

---

① 《最高人民法院关于加强和规范裁判文书释法说理的指导意见》第七条规定：诉讼各方对案件法律适用无争议且法律含义不需要阐明的，裁判文书应当集中围绕裁判内容和尺度进行释法说理。诉讼各方对案件法律适用存有争议或者法律含义需要阐明的，法官应当逐项回应法律争议焦点并说明理由。法律适用存在法律规范竞合或者冲突的，裁判文书应当说明选择的理由。民事案件没有明确的法律规定作为裁判直接依据的，法官应当首先寻找最相类似的法律规定做出裁判；如果没有最相类似的法律规定，法官可以依据习惯、法律原则、立法目的等做出裁判，并合理运用法律方法对裁判依据进行充分论证和说明。

② 马小红：《中国古代社会的法律观》，大象出版社 2009 年版，第 39 页。

③ [美]卡多佐：《司法过程的性质》，苏力译，商务印书馆 1998 年版，第 110 页。

点，法官不仅应当就证据认定和法律适用进行充分的理由阐述，而且应考虑裁判理由在合乎法律规定和法律推理的同时，是否符合社会公众的普遍价值观念、是否有违常理常情，在合乎法律规定的前提下，是否做到情理的渲染和感化、是否兼顾到诉讼当事人的情感需求，从而使得情理融合于法理中并与法理相协调。

另外，我国司法程序出现的日益专业化、日益精细的特点，也可能使得司法程序更加机械，容易"陷入法官越专业就越自以为是，民众越不懂就越不信任司法的困境"，于是，"司法的专业性越强，社会的疏离感越强"①，如此下去，"久而久之，职业法官的正义感就与一般老百姓的正义感发生了不同程度上的游离和隔阂"②。为避免过度追求涉外民商事裁判文书释法说理的学术化和用语专业化的倾向，在符合法理的前提下，涉外民商事裁判文书也应进行适度的情理说理，实现法理之下情理法的协调。情理法之间能够平衡适用，无疑有助于安抚诉讼当事人的情绪、平抚民意，提升社会公众对法律的信仰。《最高人民法院关于加强和规范裁判文书释法说理的指导意见》规定，涉外民商事裁判文书释法说理应体现法理与情理相协调，符合社会主流价值观。

四、措辞安排中的文理讲究

语言是思想表达的载体，规范专业的法律术语、书面词语的选择与准确运用不仅能够更好地彰显司法权威和公平正义，同时也能提升裁判文书的品质。如能使用规范的语言进行逻辑清晰的准确表述，并合理运用说理的各种方式和阐释技巧，则可极大地增强裁判文书的说理效果。

---

① 苏永钦：《漂移在两种司法理念间的司法改革——台湾司法改革的社经背景与法制基础》，载《环球法律评论》2002年春季号，第58页。
② 苏永钦：《司法改革的再改革》，月旦出版社股份有限公司1998年版，第11页。

《最高人民法院关于加强和规范裁判文书释法说理的指导意见》第十五条专门针对裁判文书的行文规范做了规定，该意见要求裁判文书行文应当规范、准确、清楚、朴实、庄重、凝练，一般不得使用方言、俚语、土语、生僻词语、古旧词语、外语；特殊情形必须使用的，应当注明实际含义。裁判文书释法说理应当避免使用主观臆断的表达方式、不恰当的修辞方法和学术化的写作风格，不得使用贬损人格尊严、具有强烈感情色彩、明显有违常识常理常情的用语，不能未经分析论证而直接使用"没有事实及法律依据，本院不予支持"之类的表述作为结论性论断。为了便于不同情形下的释法说理，《最高人民法院关于加强和规范裁判文书释法说理的指导意见》规定，裁判文书可以采用列明裁判要点、附表、附图、附录、附件等不同方式丰富呈现说理形式。

五、裁判文书的引用规范及格式要求

裁判文书的引用规范及格式要求应符合最高人民法院制定民事诉讼文书的样式要求。2016年8月1日发布的《人民法院民事裁判文书制作规范》和《民事诉讼文书样式》，集中并具体地对裁判文书说理的形式表现做出了示范样本。这些格式化的诉讼文书样本尽管只有有限的拘束力，然而，却构成了法官制作裁判文书的最重要参照依据。

2013年11月发布的《最高人民法院关于人民法院在互联网公布裁判文书的规定》（该文件已于2016年修订，并于同年10月施行）、2018年9月1日起施行的《最高人民法院关于人民法院通过互联网公开审判流程信息的规定》等司法意见的实施，均在裁判文书说理公开方面起着重要作用。最高人民法院于2009年10月26日发布的《最高人民法院关于裁判文书引用法律、法规等规范性法律文件的规定》是关于裁判文书引用法律、法规等规范性法律文件的专门性司法解释，其中的内容多在《最高人民法院关于加强和规范裁判文书释法说理的指导意见》中得到进一步的强化。

较之于此前有关裁判文书释法说理的文件,《最高人民法院关于加强和规范裁判文书释法说理的指导意见》更进一步对裁判文书的制作格式和引用规范做了细化规定。它要求裁判文书一般遵循最高人民法院发布的各类法律文书制作的技术规范标准,但在必要时,法官也可以根据案件情况,在裁判文书中对事实认定和说理部分的体例结构做出适当调整。引用规范性法律文件进行释法说理,应当适用《最高人民法院关于裁判文书引用法律、法规等规范性法律文件的规定》等相关规定,准确、完整地写明规范性法律文件的名称、条款项序号;需要加注引号引用条文内容的,应当表述准确和完整。[①]

第三节 涉外民商事裁判文书释法说理之价值

2018年6月11日,最高人民法院发布了《最高人民法院关于加强和规范裁判文书释法说理的指导意见》。该指导意见可谓是对数十年来人民法院裁判文书释法说理不足而产生的要求加强裁判文书释法说理的广泛社会诉求的最好回应,是人民法院司法改革推进过程中进一步规范审判权力运行机制、提升裁判品质、促进法治建设的重要文件。同时,该文件对实现并增强涉外民商事裁判文书的法律效果和社会效果也具有现实意义。

一、涉外民商事裁判文书何以需要说理

涉外民商事裁判文书何以需要说理?主要有三个原因。

第一,司法的理性发展需求。涉外民商事裁判文书说理的必要与复杂

[①]《最高人民法院关于加强和规范裁判文书释法说理的指导意见》第十一条、第十二条。

受制于不同时期、不同地域的政治制度、司法制度、法制传统和思想观念，唯有在民主法治时代，司法成为普通公共行为的一种表现形式时，涉外民商事裁判文书说理的必要性和迫切性才提上了议事日程。涉外民商事裁判文书释法说理实为司法文明的应有之义，是司法民主成熟和司法理性发展的自然呈现。

第二，司法体制及司法程序的功能实现要求。司法活动在以专业技能化解社会纷争、调和社会矛盾的同时，司法的应有权威也得以树立，法律规则之治本有的社会效能也在其中得到彰显。司法程序体现司法权威，是法律权威的体现和证明，"法官能够对纠纷进行判断是通过程序所提供的制度性空间进行的，程序展开的进程就是司法权的运行过程，离开了程序，司法权无法实现对纠纷的介入，司法权的功能作用只能处于观念形态而无法转化为现实形态"①。司法是实现法律既有功能的重要手段，通过司法权的运用，法律从应然状态进入实然状态，法律完成了其实现能力，即"已经制定的法律在社会生活中被恪守和认可的能力"②。涉外民商事司法程序欲实现法律既有的社会功能，必然要求涉外民商事裁判文书的充分释法说理。

第三，民意③要求。受定分止争和职权主义司法理念的影响，长期以来，我国各级法院重实体、轻程序，职权探知主义影响下的审判方式改革侧重"判定"目标，而忽略了法律程序和法律推理在个人权利保障中的作用。加之案件数量增多和法官绩效考核制度的要求，结案率成了诉讼效率

---

① 孙万胜：《司法权的法理之维》，法律出版社2001年版，第60页。

② 吴卫军：《法理与建构——中国司法改革的宏观思考》，中国政法大学2003年博士学位论文，第47页。

③ 此处民意指司法民意，也即司法民心、司法公意，是指社会上大多数成员对司法机关、司法工作人员及其司法行为和司法现象所持的大体接近的指导意见、情感和行为倾向的总称。参见胡铭《刑事司法民主论》，中国人民公安大学出版社2007年版，第15页。有的学者也称之为以民为本的司法理念或司法的主体性理念。参见左卫民《在权利话语与权力技术之间——中国司法的新思考》，法律出版社2002年版，第4页。

的一项重要指标,致使一直以来在审判实务中,有些法官往往重视案件事实认定和裁判结论的做出,而较为固定的简单表述方式、较为粗疏的法律根据阐释和直白的裁判结论却构成了涉外民商事裁判文书常见的形态,裁判结果如何得出的理由未能在涉外民商事裁判文书中得到充分体现。而通过诉讼程序获取满意说法,则是以常理进行思维的当事人和社会公众的首要愿望,诉讼程序各个环节是否给予与讼者积极参与的机会,裁判书写中是否充分体现了法理思维、理性思维,裁判结果为此而非彼的缘由是否能为与讼者及社会公众知晓并理解,成为衡量裁判结果正当性、可接受性的重要因素。正如有的学者所言:"司法的本质就是一种满足人民正式感的仪式,专业的正确性反而不是最重要的。因此,一旦失掉信赖,司法也就失掉了存在的基本价值。"[1] 为了防止当事人和社会公众对裁判结果的怀疑和误解、对法官群体的否定、减损司法权威,缓解民意与司法裁判的冲突,实现司法程序本应具有的形成并维护社会秩序的功能,涉外民商事裁判文书的释法说理无疑成为必然的时代选择。

《最高人民法院关于加强和规范裁判文书释法说理的指导意见》起始即明确了裁判文书释法说理的功能属性,即旨在通过阐明裁判结论的形成过程以及裁判理由的正当性基础,提高裁判的可接受性,实现裁判法律效果和社会效果的有机统一。涉外民商事裁判文书释法说理的主要价值体现在增强裁判行为公正度、透明度,规范审判权行使,提升司法公信力和司法权威,发挥裁判的定分止争和价值引领作用,弘扬社会主义核心价值观,努力让人民群众在每一个司法案件中感受到公平正义,切实维护诉讼当事人的合法权益,促进社会和谐稳定。[2]

---

[1] 苏永钦:《司法改革的再改革》,月旦出版社股份有限公司1998年版,第11页。

[2] 《最高人民法院关于加强和规范裁判文书释法说理的指导意见》第一条。

二、涉外民商事裁判文书释法说理之功能实现

就不同的诉讼参与者乃至社会不同主体而言，涉外民商事裁判文书释法说理具有不同的价值指向。

第一，诉讼当事人可通过充分说理的裁判文书增强对涉外民商事裁判文书的认同感。在"司法为民"的改革中，我国司法实践中长期以来流行着一种"判后答疑"制度，即在判决做出后就判决中的疑问向当事人进行说明解释。如若能在裁判文书中就事实认定、证据采信、法律适用等问题进行充分的释法说理，就不需在判后进行答疑，以免浪费有限的司法资源。而且，从心理学角度分析，如果诉讼当事人对裁判结果存有疑惑乃至产生逆反心理，法官事后答疑首先要花费相当多的精力来解决当事人的心理顾虑，然后方能谈及对裁判结论的认可与否。提高裁判可接受性的最好方式，就是法官在裁判文书中阐明裁判结论的形成过程和正当性理由。

第二，涉外民商事裁判文书释法说理是司法公开的重要表现。裁判文书公开制度的推行，已然将司法的神秘面纱从形式层面剥落褪去，而对裁判结论内容的理由说明，方从实质层面让裁判文书走下神坛、接近民众，使社会公众真正从中读懂法律规则和法律真谛。不做释法说理或释法说理不充分的裁判文书，既难以接受法律共同体的公议，也难以实现社会公众的监督，难以确保司法裁判的透明度，也无法确立司法的公信力。

第三，法律职业共同体可通过释法说理充分的涉外民商事裁判文书提升法律技能，形成共同探讨的氛围。《最高人民法院关于加强和规范裁判文书释法说理的指导意见》规定，裁判文书也可以以立法说明等立法材料、法理及通行学术观点，以及与法律、司法解释等规范性法律文件不相冲突的其他论据进行释法说理，通过裁判文书的充分释法说理，从而实现司法实践与理论研究之间的反馈与指导回环。有的学者认为，我国理论研究直面司法实践的程度还不够深入，理论研究的形式化取向较为严重，难以为司法实践提供及时有效的理论指导，《最高人民法院关于加强和规范

裁判文书释法说理的指导意见》的上述规定即是对理论研究与社会关切的积极回应。强化法律职业共同体对法律裁判的心理预期、内心确信与规则预见，更易于形成法律职业共同体的互信共识，统一法律职业共同体的认知体系，从而实现实务与理论的良性互动。①

裁判文书释法说理在实现案结事了的最低功能之外，在更深层面上，亦应承担"发展司法规则、提供原则论坛、呈现思辨过程和供给法律话语的功能"，并"形成思辨性、前瞻性、渐进性、有限性兼容并蓄的文风"。②

第四节 涉外民商事裁判文书释法说理的适用指向

对于裁判文书释法说理的讨论由来已久，关于裁判文书说理的内容，学者之间有不同的理解。有的学者以"九性"法阐述裁判文书说理的内容，即抓住争点的针对性、讲法评判的法理性、分析认证的事理性、注重教化的情理性、言简意赅的文理性、分层有序的逻辑性、自由裁量的公开性、引用法条的准确性、文书繁简的个案性。③ 也有学者提出，裁判文书说理应实现"四度"：公开心证，提升说理透明度；就事论理，提升裁判公信度；依法说理，增强裁判说服度；以情说理，增强裁判文书亲和度。④

---

① 章光园：《多维主体视角下裁判文书释法说理的意义阐释》，载《人民法院报》2020年1月2日第8版。
② 秦前红、黄明涛：《法院如何通过判决说理塑造法院的权威》，载《中国刑事法杂志》2012年第3期，第117页。
③ 宋龙凌：《构建和谐社会背景下的司法机制研究》，陕西人民出版社2008年版，第272～281页。
④ 马宏俊：《法律文书与司法改革》，北京大学出版社2005年版，第183～187页。

针对学界提出的裁判文书说理观点，各地人民法院也纷纷采取裁判文书质量评比、制定实施方案等措施以推进裁判文书说理活动的深入开展。综观这些不同主张，可以归纳认为，民事裁判文书释法说理的适用指向，应当包括程序性事项说理、证据判断说理、事实认定说理、法律适用说理四个不同面向。①

一、程序性事项说理

包含不同内容的阶段性、程序性事项构成了涉外民商事诉讼程序的整个审理过程，程序性事项均不同程度地影响涉外民商事诉讼当事人的实体权利或诉讼权利。涉外民商事诉讼程序自立案受理到管辖权确定、开庭审判、临时措施、诉讼中止、审理时限、诉讼时效等事项，皆为涉外民商事诉讼程序的重要阶段性问题。由于涉外因素的表现不同，涉外民商事诉讼在程序性事项上也呈现出不同的特点，由此，涉外民商事裁判文书在制作时应该对诉讼时效、管辖依据、当事人诉讼权利被充分尊重及充分行使、审限延长等内容进行完整地记载和充分阐释，以表明涉外民商事案件在诉讼程序审理的各个环节皆合乎我国民事诉讼程序或海事诉讼特别程序法律制度的基本要求，当事人的诉讼主体地位得到了充分尊重，诉讼参与者的诉讼权利在诉讼程序制度设置下都有机会充分实现。

二、证据判断说理

涉外民商事裁判文书的证据判断说理包括对证据形式、证据内容、证据获取方式、证明目的、举证责任分配、举证期限、庭审质证、新证据、证明程度等情况予以记载并说明。证据判断说理旨在判断证据是否真实、

---

① 孙华璞、王利明、马来客：《裁判文书如何说理——以判决活力促司法公开、公正和公信》，北京大学出版社2016年版，第232页。

合法、与待证事实之间是否存在关联，从而决定对证据是否采信，以及由此给出采信与否的理由阐释。《最高人民法院关于加强和规范裁判文书释法说理的指导意见》规定，对证据的认定，应当结合诉讼各方举证、质证以及法庭调查核实证据等情况，根据证据规则，运用逻辑推理和经验法则，必要时使用推定和司法认知等方法，围绕证据的关联性、合法性和真实性进行全面、客观、公正的审查判断，并阐明证据采信的理由。在涉外民商事的裁判文书中，法官应当结合庭审举证、质证、法庭辩论以及法庭调查核实证据等情况，重点针对裁判认定的事实或者事实争点进行释法说理。

三、事实认定说理

对涉外民商事案件纷争及当事人主张审查之后，法官应全面准确地进行双方意见概括，确定案件争议的主要问题即归纳并确定争点，结合前述采信证据对案件事实做出认定的结果并阐述认定理由，确认采信证据对事实的认定作用，并在涉外民商事裁判文书中准确书写上述事项内容。《最高人民法院关于加强和规范裁判文书释法说理的指导意见》要求裁判文书应当结合庭审举证、质证、法庭辩论以及法庭调查核实证据等情况，重点针对裁判认定的事实或者事实争点进行释法说理。依据间接证据认定事实时，应当围绕间接证据之间是否存在印证关系、是否能够形成完整的证明体系等进行说理。采用推定方法认定事实时，应当说明推定启动的原因、反驳的事实和理由，阐释裁断的形成过程。[①]

四、法律适用说理

涉外民商事裁判文书法律适用的说理应"以法理为主，正确、完整、

[①] 《最高人民法院关于加强和规范裁判文书释法说理的指导意见》第六条。

规范地援用法律条文，兼顾事理、情理和文理"①。兼顾事理即裁判文书在最低程度上应还原和呈现案件本来面目，呈现案件事实的法律真实是事理说理的基本要求。基于查明的法律真实事实，法官应遵循法理做出裁判，即应以法律、法规、规章、司法解释意见以及司法政策等规范性文件为依据做出裁判。尤其在法律本身的规定比较模糊或者包含多种不同理解时，法官在裁判文书中解释该案适用于该法律规定的何种情形及对该情形的具体理解就极为必要。此外，法官于裁判中也可考虑学理观点，即法学理论和学界观点，尤其是在一些重大疑难案件和争议性较大案件的裁判文书书写中，可以将学者观点作为裁判依据的论证参考。涉外民商事裁判文书应书写法律适用依据是否能够支持主要裁判结论，是否以及在何种程度上回应了当事人的主张和声请，案件法律真实是否符合法律依据的构成要件，作为法律适用依据的法律规范援引是否全面、完整、准确、严谨，整个裁判结论是否条理清晰、全面、有层次。

---

① 孙华璞、王利明、马来客：《裁判文书如何说理——以判决活力促司法公开、公正和公信》，北京大学出版社2016年版，第234页。

第二章　涉外民商事裁判文书释法说理现状之类型化分析

十围之木，始生如蘖。

——《汉书·枚乘传》

尽管存在上述有关裁判文书说理的种种论述和实践探索，但前述文件的内容多为框架性的指引，而具体可行的细则、裁判文书说理评价的评判指标及说理评价的激励约束机制等相关内容较少，加之法官自由裁量权等诸多因素的影响，致使裁判文书说理的制度初衷与其具体落实之间仍然存在一定落差，有的地方法院裁判文书的说理状况依然不尽如人意。要针对性地研究我国法院在涉外民商事裁判文书中释法说理的具体情况，是一个非常艰巨又宏大的主题。鉴于在涉外民商事裁判文书的数量、类型、解决纠纷的类别，以及裁判文书的结构和说理等不同方面的诸多事项中，涉外海事海商案件的总量相对较大（仅2018年最高人民法院发布的工作报告的数据显示，全国各级法院审结的海事海商案件就已达7.2万件）、案由较多〔仅最高人民法院于2011年修订的《民事案件案由规定》（法〔2011〕41号）所规定的海事海商纠纷类型就达54类，《最高人民法院关于海事法院受理案件范围的规定》（法释〔2016〕4号）关于海事法院受案范围更是规定了108种海事海商纠纷类型〕，本章内容以涉外海上货物运输合同纠纷取样案例为主，并选取了少量的其他类型案例，采用抽样调查的方法，以具有涉外因素和海上货物运输合同纠纷案由为主要筛选要素标准进行检索，集中对公布的判决文书中的部分涉外（含涉台、港、澳）海上货物运输合同纠纷的初审案件和其他类型的涉外民商事案例进行了归类分析；依据时间顺序，摘取排序靠前的案例，综合涉外类型和判决文书等因素进行取样，并就所收集的该类型案例的裁判文书释法说理各个要素做代表性的分析。

本章主要就上述收集案例的判决书中两个方面的问题进行了分析解读：一是在事实认定之后，法院对纠纷性质的确定；二是法院有关法律适用的书写与阐释。笔者对其中案由认定的书写，以及就该案适用法律的依据做了归类分析；通过对案例呈现的制度应用现状的分析，思考我国涉外民商事裁判文书对不同制度的解读与阐释在何种程度上依循了该制度的设置初衷；透过涉外民商事判决释法说理的具体环节和整个裁判文书的专业技艺表现，在肯定我国法官司法技能已日臻纯熟、裁判文书释法说理显然已卓然提升的当下，对司法改革进程中的我国涉外民商事诉讼程序予以管中窥豹，探讨涉外民商事裁判文书释法说理工程的各项制度内容。笔者期待对上述判决文书中不同方面问题的分析和评述，有助于我国涉外民商事判决文书公开制度的建设和完善。

第一节　涉外民商事裁判文书对案件性质的释法说理

一、案件性质认定说理阐释的一般理论

尽管在实务中"案由"一词无比重要，但是，人们对于"案由"一词的概念却一直没有统一的认识。"民事案件案由是民事诉讼案件的名称，反映案件所涉及的民事法律关系的性质，是人民法院将诉讼争议所包含的法律关系进行的概括。"[①] 民事案件案由一般被理解为：法官经由对案件事实的解读之后，以法律关系理论对案件做类别划分和性质认定，是对法律保护的民事权利及提供的司法救济途径的认可和表述。法官通过层层解读案件事实，自第一级案由至第四级案由层层探寻、逐级深入，最终确定最小层级的案由为案件案由，案由的最终认定直接将案件事实纳入了特定法律类别的法律规范要件构成之下。换言之，在符合《民事诉讼法》规定的人民法院对民事案件受案范围的前提下，案由确定仍须符合程序法和实体法的规定。最高人民法院以其在长期的司法实践中对案由的经验总结表明，案由的确定直接影响着人民法院受案的民事案件应适用的相应程序法规范和相应实体法规范。

---

① 《最高人民法院关于印发修改后的〈民事案件案由规定〉的通知》（法〔2011〕42号）。

案由历来是判决文书的重要组成部分。1982年公布的《中华人民共和国民事诉讼法（试行）》明确规定，判决书应当写明案由①，该规定内容此后一直在我国《民事诉讼法》中得到体现②。"案由要简单明了，做到划分类别明确，反映争议确切，判断性质准确。"③ 我国对民事案件案由的分类确定经历了一个认识上的发展变化过程。民事案由规范化始于最高人民法院在2001年公布的《民事案件案由规定（试行）》；其后，最高人民法院在2008年公布了《民事案件案由规定》；2011年，最高人民法院对2008年公布的《民事案件案由规定》做了修订。2008年公布的《民事案件案由规定》以当事人诉争的法律关系性质为案由划分的主要依据，以民法理论有关民事法律关系的分类体系作为案由编排的参考。2011年修订的《民事案件案由规定》仍然沿用2008年公布的《民事案件案由规定》的确定标准，但同时最高人民法院明确了修改后的《民事案件案由规定》以法律关系的内容即民事权利类型为编排体系。在最高人民法院关于印发《民事案件案由规定》（2011年修订）的通知中，分别从便利当事人诉讼、便于对案件的分类管理、确定民事审判业务和司法统计等方面强调案由确定的功能，而关于案由确定对法律适用是否起着决定性作用则未予明确。④ 案由认定属于法院职权事项，既可以由当事人诉讼时选择适用，也可以在立案、审判阶段由人民法院根据当事人实际诉争的法律关系的性质更改当事人选择的但法院认为不恰当的案由，或者由法院重新确定恰当的案由。上述有关民事案由的部分规定也在2019年修订并于2020年5月

---

① 《中华人民共和国民事诉讼法（试行）》（已失效）第一百二十条第一款第（一）项。
② 1991年公布施行的《民事诉讼法》（已被修订）第一百三十八条第一款第（一）项；《民事诉讼法》（2017年修订）第一百五十二条第一款第（一）项。
③ 1984年发布的《最高人民法院关于在经济审判工作中贯彻执行〈民事诉讼法（试行）〉若干问题的意见》中第五部分"起诉与受理"中第（二）项"案由"规定部分。
④ 《最高人民法院关于印发修改后的〈民事案件案由规定〉的通知》（法〔2011〕42号）。

开始施行的《最高人民法院关于民事诉讼证据的若干规定》中予以重申。① 裁判文书中案由的书写要求同样体现在最高人民法院发布的一系列司法解释中，这些司法文件规定，判决文书理由部分的核心内容是：根据认定的案件事实，依照法律规定，以论理透彻、逻辑严密、精炼易懂、准确的用语明确当事人争议的法律关系。理由部分应当明确纠纷的性质、案由；对争议的法律适用问题，应当根据案件的性质、争议的法律关系、认定的事实，依照法律、司法解释规定的法律适用规则进行分析，做出认定，阐明支持或不予支持的理由。②

案件性质的识别与认定是法院行使司法权的开始。对案件性质的识别与认定，我国的司法实践创设了独特的案由制度。作为案件名称的核心要素，案由反映了民商事案件法律关系的性质和类别，因案由区分不同类型和内容的具体个案，在诉讼程序的各个环节和阶段广为应用。案由确定便于法院进行业务分工和司法统计，实现管理规范化和资源配置优化③；案由制度也有助于当事人更准确地选择救济途径，行使民事诉权④，选择诉由；案由制度也有助于全国法院系统统一法律适用，便于民商事案件地域

---

① 2019 年修订的《最高人民法院关于民事诉讼证据的若干规定》第五十三条规定：诉讼过程中，当事人主张的法律关系性质或者民事行为效力与人民法院根据案件事实做出的认定不一致的，人民法院应当将法律关系性质或者民事行为效力作为焦点问题进行审理。但法律关系性质对裁判理由及结果没有影响，或者有关问题已经当事人充分辩论的除外。存在前款情形，当事人根据法庭审理情况变更诉讼请求的，人民法院应当准许并可以根据案件的具体情况重新指定举证期限。

② 《最高人民法院关于印发〈人民法院民事裁判文书制作规范〉〈民事诉讼文书样式〉的通知》（法〔2016〕221 号）第三部分第（六）条。裁判文书应写明案由的规定还可见之于《最高人民法院关于印发〈涉外商事海事裁判文书写作规范〉的通知》（法〔2015〕67 号）第十四条。

③ 宋旺兴：《民事案由制度研究》，法律出版社 2014 年版，第 57~70 页。

④ 罗东川、黄建中：《〈民事案件案由规定〉的理解与适用》，载《人民司法·应用》2008 年第 5 期，第 18~23 页。

管辖的准确确定①。在裁判文书书写中,案由的书写应与最高人民法院公布的《民事案件案由规定》保持一致。涉外民商事诉讼程序也需要确定待审案件的性质,尤为重要的是,待审民商事案件是否具有涉外因素、涉外因素的表现具体为涉外国或涉外法域、待决纠纷的法律性质如何,这些问题的确定都会对后续案件审理中的管辖权、法律适用等问题产生实质性影响。在涉外民商事裁判文书书写中,法官应对案件是否具有涉外因素、涉外因素的表现如何进行阐释,并对案件中存在的先决问题、纠纷中存在的不同法律关系分别进行定性,一般以法院地法进行识别,如案情特别的,则需要结合个案具体情况进行识别。案由的书写应具体明确。

二、案件涉外性认定的说理阐释

在涉外民商事法律关系当事人的权利义务发生争议后,当事人诉诸司法途径以期实现对受损权益的救济,涉外民商事裁判文书通过司法认定,对失衡的涉外民商事当事人的权利义务予以重新调配,民商事争议的涉外性或涉外因素认定是解决纷争的首要步骤。法院依据纷争的涉外性,确定案件管辖权以及后续的法律适用等诸多程序性问题。案件涉外与否的判断,直接决定了案件审理程序的具体规则构成和当事人实体权利义务的最终确定,直接左右着案件进程和结果的基本走向,彰显或制约着案件审理的程序公正和实体正义。

对民商事案件涉外性的认定在我国司法实践中有两个不同阶段的细微界分:第一个阶段以 1987 年开始施行的《最高人民法院关于贯彻执行〈中华人民共和国民法通则〉若干问题的意见》和 1992 年发布的《最高人民法院关于适用〈中华人民共和国民事诉讼法〉若干问题的意见》为代表;第二个阶段以 2013 年开始施行的《最高人民法院关于适用〈中华

---

① 孙佑海、吴兆祥、黄建中:《2011 年修改后的〈民事案件案由规定〉的理解与适用》,载《人民司法·应用》2011 年第 9 期,第 28~34 页。

人民共和国涉外民事关系法律适用法〉若干问题的解释（一）》（简称《涉外民事关系法律适用法司法解释》）和2015年开始施行的《最高人民法院关于适用〈中华人民共和国民事诉讼法〉的解释》（简称《民事诉讼法司法解释》）为代表。① 尽管在司法文件规定中，对民商事案件涉外性的认定标准，后一段时期明显多于前一段时期，然而对民商事案件涉外性的认定标准仍然遵循"要素"标准，即如果法律关系三要素（主体、内容、客体）之一具有涉外因素，则认定该民商事案件为涉外案件。21世纪的两个司法解释意见与20世纪的两个司法解释意见相比较，区别之一在于新的规定增加了"可以认定为涉外民事法律关系的其他情形"的兜底条款的认定标准；区别之二在于新的规定增加了主体认定标准的"经常居住地"因素，即如果当事人"经常居住地"涉外，则该民商事关系应被认定为具有涉外因素。

具有涉外因素是区分普通国内民商事案件②与涉外民商事案件的标准。确定案件本身性质涉外与否，直接决定了立案之后案件在法院内部不同法庭之间的分配去向，也直接决定了案件本身的管辖依据和法律适用范围。如案件具有涉外因素，案件的管辖问题依据涉外民商事案件的管辖标准而确定。考虑到国际民商事管辖权冲突的现实表现，涉外民商事诉讼管辖原则的确定需要在顾及本国司法主权的同时，也考虑他国司法主权。涉外民商事诉讼程序中存在诸多特殊问题，如不方便法院管辖原则的适用、有关协议管辖的国际条约的适用可能，以及案件审理环节的其他特殊程序性问

---

① 具体规定分别见1987年发布的《最高人民法院关于贯彻执行〈中华人民共和国民法通则〉若干问题的意见》第178条，1992年发布的《最高人民法院关于适用〈中华人民共和国民事诉讼法〉若干问题的意见》第304条，2013年开始施行的《最高人民法院关于适用〈中华人民共和国涉外民事关系法律适用法〉若干问题的解释（一）》第一条，2015年开始施行的《最高人民法院关于适用〈中华人民共和国民事诉讼法〉的解释》第五百二十二条。

② 对于我国这样的多法域国家，准确而言，此处应表述为"域内民商事案件"。但为了和一般国内法所言的国内民商事案件表述相一致，本书行文中仍沿用"国内民商事案件"这一称谓。

题，如域外送达和域外取证等制度，这些制度都与国内民商事案件的相应诉讼程序存在明显的不同。民商事案件如果具有涉外因素，则国际条约、国际商事惯例、国内专用实体规范、冲突规范就会进入法律适用的范围，而如何选择和适用国际条约、国际商事惯例、国内专用实体规范，以及能否适用及如何正确适用冲突规范，则是承办涉外民商事案件的法官更为擅长的专业领域。如果案件应适用冲突规范，则必然涉及有关冲突规范的各种法律制度，如反致、法律规避、先决问题等制度的适用可能；同时，也必然存在外国法适用的可能，乃至在一些具体个案中，外国法的适用是司法推理的必然结果。如此，则审案法官应该如何理解并准确适用公共秩序保留、外国法的查明等有关外国法适用中的基本制度，无疑皆是涉外民商事诉讼程序中的诸多技术性问题。较之于不具有涉外因素的民商事案件，上述这些问题的提出都使得涉外民商事案件的法律适用问题显得更加复杂，也使得具有涉外民商事案件的裁判结果更加扑朔迷离而难以为当事人准确预估。我国多法域国家的客观现实，以及我国目前尚未建构起四法域统一适用的区际私法规范，使得我国目前对涉外法域民商事案件的审理参照适用涉外国因素民商事案件审理的做法。近年来，最高人民法院与香港特别行政区高等法院、澳门特别行政区高等法院已就法域之间有关涉外法域民商事案件的诸多问题达成了一些特殊安排，内容包括民商事案件管辖权的确定、法律适用以及程序事项等问题。此外，最高人民法院对涉台民商事案件的法律适用和诉讼程序中的一些问题也做出了特殊规定。最高人民法院与港、澳法域之间的上述有关安排，以及对涉台民商事案件的特殊规定的施行，使得涉港、澳、台民商事案件的审理既具有和涉外国因素的民商事案件审理的相同规则，但也具有涉港、澳、台民商事案件的特殊性规定的状况。因此，涉外因素的判断，无论是对程序问题还是对实体问题的处理结果都至关重要，左右着程序公正的走向和实体正义的实现程度。

在涉外民商事裁判文书制作时，法官对涉外因素的正确书写不仅应表明案件涉外的结果，而且应列明涉外因素的情形究竟为涉外法域因素还是涉外国因素。涉外因素的表述本应是涉外民商事裁判文书的基本要素或首要要素，如同法官知法乃法官职业必然之理，本无须过分强调，然而实践中这一要素的书写情形仍然与上文理论分析之应然状态之间存在一些出入，在一些涉外民商事裁判文书中并未具体阐释案件的涉外因素。

例如，在 BL 工业有限公司与 JL 国际物流有限公司海上货物运输合同纠纷一案〔（20××）×海法初字第 969 号〕中，法院直接将该案认定为涉外海上货物运输合同纠纷，并以双方当事人在庭审中表示选择适用我国法律为由，而依《中华人民共和国海商法》（简称《海商法》）第二百六十九条的规定适用我国法律于该案，但是，该裁判文书并未写明第二百六十九条的具体内容。在此案件裁判文书中，对审理案件所涉法律关系三要素是否涉外的判断，法院没有进行分析，而径行认定该案为涉外海上货物运输合同纠纷。类似于此不做涉外因素分析而径行认定涉外纠纷的案例还有（20××）×72 民初 376 号、（20××）×海法初字第 810 号、（20××）×72 民初 1486 号、（20××）×海法初字第 846 号等案件。

三、案件具体法律关系认定的说理阐释

案由即案件的具体法律关系。在我国司法实践中，案由制度对于案件分庭、法律适用以及裁判文书的书写都极为重要。原则上，民商事案件案由一经确定，即可通过对待决案件事实所蕴含的法律关系的性质分析，找寻该法律关系所属的法律部门，然后在该法律部门可能适用的相关法律规范中拣择、筛选并归纳出最终适用于案件解决的裁判规则。由此可知，案由的认定影响着案件的法律适用。法官通过对民商事案件事实的解读，以法律关系理论划分案件类别、认定案件性质，对法律所保护的民商事权利及所提供的司法救济途径予以认可和表述，通过层层解读民商事案件的性质，依法确定最小级别的案由，如此在案由的最后认定上逐级逐层深入。案由的最终认定使得案件事实归入民商事私法类别的特定法律部类之中，并受该法律部类所属的特定法律规范的规制，从而实现了归入此类案由与归入彼类案由的民商事案件在法律适用结果上的明显区别。

以民事法律关系或民事权利作为民事案由的分类标准，民事案由明显地体现出实体法性质。而实体法与程序法之间内在的必然联系，又使得实体权利影响着诉讼程序的每个进程，民事案由因此天然地同时作用于案件的实体和程序方面。笔者考察我国涉外民商事案件的审判实务，发现一些案例存在案由认定不准确的现象。

例如，在 WY 公司诉 ZQ 航运有限公司海上货物运输合同纠纷一案［（20××）×海法初字第 438 号］中，货物运输途中曾中转香港，但法院认定该案为海上货物运输合同纠纷，而对该纠纷的涉港因素未做阐释。法院对案件是否涉外性质的认定错误，直接导致后继程序中法官对该案法律适用的错误。在该案的审判中，一审法院适用了《海商法》第四十六条第一款为解决纠纷的法律。①

再如，在 PA 保险公司与 AI 私人有限公司、SJ 株式会社海上货物运输合同纠纷一案［（20××）×海法初字第 450－2 号］中，法院认为该案是保险人根据保险合同赔付被保险人货物损失后，代位被保险人提起的海上货物运输合同纠纷。保险人依据财产保险合同赔付被保险人的货物损失后，在赔偿范围内依法取得保险代位求偿权，此时，被保险人对第三者请求赔偿的权利自然让渡给保险人。法院之所以将案由认定为海上货物运输合同纠纷，在于混淆了保险人代位求偿权纠纷案件性质的确定及该性质案件的管辖法院确定。保险人的代位求偿纠纷应由哪个法院管辖，《民事诉讼法》及相关司法解释并没有做出明确规定，导致在实践中对这一问题的处理呈现出不同法院认定不一的现实状况。有的法院认为保险人的代位求偿纠纷属于保险纠纷，应适用《民事诉讼法》及相关司法解释意见有关保险管辖确定的规定内容②；有的法院则认为保险人的代位求偿纠纷应属于保险合同的基础合同如海上货物运输合同或侵权纠纷，因而应以该基础

---

① 在后来的二审中，二审法院对该案案件性质的认定也和一审法院相同。该案上诉审理程序的案号为［（20××）×民终 1414 号］。

② 《民事诉讼法》第二十四条及《民事诉讼法司法解释意见》第二十五条。

合同纠纷或侵权纠纷的性质为依据来确定保险人的代位求偿纠纷案件的管辖依据。

为解决此类保险人代位求偿纠纷案由认定不一的实际状况，最高人民法院于 2014 年发布了指导性案例对此问题予以回应。在该指导性案例判决书中，法官对此问题做出了如下回应："因第三者对保险标的的损害造成保险事故，保险人向被保险人赔偿保险金后，代位行使被保险人对第三者请求赔偿的权利而提起诉讼的，应当根据保险人所代位的被保险人与第三者之间的法律关系，而不应当根据保险合同法律关系确定管辖法院。第三者侵害被保险人合法权益的，由侵权行为地或者被告住所地法院管辖。"[1] 依据该指导性案例的精神，PA 保险公司与 AI 私人有限公司、SJ 株式会社海上货物运输合同纠纷一案的案由应被认定为保险人代位求偿权纠纷，而非该案审理法官认为的海上货物运输合同纠纷。而且在该案中，AI 私人有限公司、SJ 株式会社两个当事人的住所地分别位于新加坡和日本东京，在法律关系的主体方面具有涉外因素，而该案判决书的案由书写中并未清晰明确地认定该案具有涉外因素。

又如，在原告 RC 保险股份有限公司与被告 WH 航运（新加坡）股份有限公司海上货物运输合同纠纷一案［（20××）×海法初字第 84 号］中，法院认为该案为海上货物运输合同纠纷。在该案中，被告为承运人，被保险人为收货人，原告（保险人）根据保险合同赔付被保险人货物损失后，原告代位被保险人提起该案诉讼。从法理层面分析，既然作为保险人的原告依财产保险合同赔付了被保险人保险赔偿金后，原告（保险人）对作为第三人的承运人提起的损害赔偿请求权，实质上是原告（保险人）代位被保险人而对作为第三人的承运人提起的损害赔偿请求权，该案性质应为保险人代位求偿权纠纷。由于原告（保险人）和作为第三人的承运人之

---

[1] 参见最高人民法院审判委员会讨论通过并于 2014 年 1 月 26 日发布的指导案例 25 号：华泰财产保险有限公司北京分公司诉李志贵、天安财产保险股份有限公司河北省分公司张家口支公司保险人代位求偿权纠纷案。

间并不存在直接的合同关系，因而，原告（保险人）无法对承运人提起海上货物运输合同纠纷下的损害赔偿请求权。

第二节 涉外民商事裁判文书对法律适用的释法说理

较之于国内民商事诉讼程序，涉外民商事案件的法律适用是涉外民商事诉讼程序中最为特别的一个环节，是涉外民商事诉讼程序中各种冲突法理论和制度集中体现的一个诉讼阶段。法律适用的正确与否，是检验审理涉外民商事案件的法官处理涉外民商事案件的基本学理素养和司法技艺的重要标准，也是法官解决涉外民商事法律冲突能力的集中体现。这些司法技艺与专业能力在涉外民商事裁判文书的书写论证中，得到了最充分、最直观的反映。

较之于 20 世纪的司法实践，在文书格式和文书内容的说理论证上，目前我国法院制作的涉外民商事裁判文书都明显有了相当大的提升，尤其是对法律适用的释法说理更表现出日益细致化、逻辑化、法理说理强化的趋势。一些判决书甚至引用学理观点，以较多的笔墨对判决理由做充分的阐释，尤其是沿海省份的一些海事法院及其他法院书写的涉外民商事裁判文书，堪可作为教科书级的学习样本。其中，有些涉外民商事裁判文书在法律适用的释法说理方面阐释得更为充分，更富有逻辑，字里行间无不表现出司法技艺等方面的娴熟专业技能。此类涉外民商事裁判文书对当事人及社会公众的说服力较大，不仅实现了诉讼程序定分止争的初级功能，更昭示着法律的公正，彰显了司法权威。同时，因我国地域广大而带来法院系统也较为庞大的现实状况，使得不同地域、不同级别的法院之间在处理涉外民商事案件的技巧和水平上难以整齐划一。受制于经济因素等各种不同条件的影响，不同法院在处理同类涉外民商事案件的方法上也可能存在一些差异，包括在裁判文书释法说理的逻辑性、深入性和严谨性上也会呈现出参差不齐的状况。

本书对涉外民商事裁判文书释法说理中存在的一些问题进行探讨分析，目的并非否定或质疑我国涉外民商事裁判文书的整体制作水平得到巨大提升的现实，而是希望对抽样调取的涉外民商事裁判文书中法官做出裁判结果的理由和逻辑进行学理分析，探究事实问题、法律适用问题、程序问题是如何在法官释法说理的论述中展现和回环的，思考法官如何面对并逐一解决涉外民商事案件中错综复杂的利益之争，以及如何以文字将各项民事程序法制度、冲突法制度、私法制度、国际法制度融入个案之中并使它们有序相处。同时，笔者希望本书对涉外民商事裁判文书的探讨，能够引起社会相关人士对涉外民商事诉讼程序的更多关注，也希望法律界同仁形成对涉外民商事裁判文书进行研讨交流的氛围，为我国涉外民商事司法实践与涉外民商事诉讼程序的理论研究之间搭建沟通的桥梁。

一、法律一般规定与特别规定的适用

确定纠纷性质后，大多数涉外民商事案件的法律适用分为两大步骤：首先，依据纠纷性质确定应予适用的冲突规范；其次，对冲突规范中的连接点进行解释，并遵循连接点的指引确定纠纷适用的准据法。[①] 我国目前现行有效的调整涉外海上货物运输合同纠纷的冲突规范体现在《中华人民共和国民法通则》（简称《民法通则》）、《中华人民共和国涉外民事关系法律适用法》（简称《涉外民事关系法律适用法》）、《中华人民共和国合

---

① 涉外民商事案件除了适用实体法的方法解决纠纷之外，相当多的涉外民商事案件还采用冲突法的方法来解决纠纷。由于到目前为止，现行有效的有关冲突规范的国际条约均不对我国发生效力，因此，我国法院在以冲突规范解决涉外民商事案件的法律适用问题时，不涉及有关冲突规范的国际条约的适用，而只适用我国的冲突规范并解释其中的连结点，并以连结点指引的某国实体法或某法域实体法作为准据法来确定当事人之间的实体权利义务。

同法》(简称《合同法》)、《海商法》、《中华人民共和国民用航空法》(简称《民航法》)、《中华人民共和国票据法》(简称《票据法》)等不同法律,以及《最高人民法院关于贯彻执行〈中华人民共和国民法通则〉若干问题的意见(试行)》(简称《民法通则司法解释意见》)、《涉外民事关系法律适用法司法解释》、《最高人民法院关于审理涉台民商事案件法律适用问题的规定》等司法解释类规定中。

  涉外海上货物运输合同是涉外合同的特殊形式,依据特别法优于一般法的原则,涉外海上货物运输合同纠纷应以《海商法》中涉外海事合同的冲突规范为优先适用的法律依据。对此类特别法与一般法之间的法律适用冲突问题,最高人民法院已多次通过文件表明,在涉外民商事诉讼程序中,法院选择冲突规范并依据冲突规范中连结点的指引而确定准据法时,应遵从特别法优于一般法的法律适用规则。

  例如,在 XH 国际物流有限公司与 ZL 南美轮船有公司海上货物运输合同纠纷一案〔(20××)×海法初字第 1116 号〕中,法院认为该案是具有涉外因素的海上货物运输合同纠纷,并以双方当事人尽管未能协商选择解决该案实体争议所适用的法律,但双方当事人却在起诉和抗辩中均援引我国法律为由,依据《涉外民事关系法律适用法司法解释》第八条第二款的规定,适用我国法律解决该案纠纷。首先,该案纠纷性质为涉外海上货物运输合同纠纷,依据前文所述最高人民法院对一般法与特别法在法律适用上存在冲突时的解决原则,该案应该适用《海商法》第二百六十九条而非《涉外民事关系法律适用法》。尽管《海商法》与《涉外民事关系法律适用法》对涉外合同法律适用的结果处理完全相同,然而,以《海商法》为适用的法律依据和以《涉外民事关系法律适用法》为适用的法律依据是两种不同的法律适用选择,从法理角度分析,这两种不同的法律适用选择分别为两种完全不同的法律效力冲突的解决路径。尽管以《海商法》为适用的法律依据和以《涉外民事关系法律适用法》为适用的法律依据在法律适用结果上并没有任何差别,换言之,法院无论选择这两种法律中的任何一种作为该案适用的法律依据,都会导致同一的裁判结果,但是,我们并不能从裁判结果的相同来反推和证明任何一种法律都是正确的、应适用的法律依据。相反，正是由于无论适用这两种法律中的任何一种，裁判结果都是一样的，使得我们更容易沉醉于裁判结果的同一，从而置法律选择理论、法律选择方法于不顾，忽略或轻视该案法律适用依据的正确选择路径问题。此外，法院在该案审理中适用了《涉外民事关系法律适用法司法解释》第八条第二款，依此规定对当事人默示选择我国法律的行为予以认可，从而法院适用了我国法律解决该案纠纷。法院以该条款确认当事人的法律选择，也值得我们深入思考。法官应在裁判文书中先阐释本案涉外海上货物运输合同当事人合意选法的法律依据，即《海商法》第二百六十九条，在肯定了当事人合意选法的权利之后，再对本案当事人是否行使该权利进行阐释。换言之，法官此时应阐述因本案当事人未能达成协商选法的合意，却于起诉、抗辩中均援引我国法律的事实，故依据《涉外民事关系法律适用法司法解释》第八条第二款，法院认为本案应适用我国法律解决纠纷。只有如此阐释说理，该案的法律适用依据才符合法理逻辑。

再如，在HD船务（香港）有限公司与HL物流有限公司海上货物运输合同纠纷一案［（20××）×××民初338号］中，法院认为该案为主体涉港的海上货物运输合同纠纷。庭审中，双方明示选择适用内地法，法院依据《涉外民事关系法律适用法》第四十一条第一款"当事人可以协议选择合同适用的法律"和《涉外民事关系法律适用法司法解释》第十九条"涉及香港特别行政区、澳门特别行政区的民事关系的法律适用问题，参照适用本规定"的规定，认定该案实体争议适用我国内地法律解决。就本章调研取样的涉港海上货物运输合同纠纷中，对《涉外民事关系法律适用法司法解释》和《涉外民事关系法律适用法》第四十一条第一款引用的书写，大都存在类似的情形。

例如，在MS船舶租赁买卖亚洲有限公司与ZT海运有限责任公司、天津ZT海运有限公司居间合同纠纷一案［（20××）×××初字第383号］中，法院认为该案系涉港航次租船居间合同纠纷。关于该案的法律适用，依据《涉外民事关系法律适用法司法解释》第十九条的规定，该案应参照《涉外民事关系法律适用法》确定所适用的法律。该案中，原告 MS 船舶租赁买卖亚洲有限公司选择适用我国内地法，被告未出庭，未就法律适用做出明示选择，被告住所地在我国天津市，我国内地法为与涉案纠纷具有最密切联系的法律。故参照《涉外民事关系法律适用法》第二条的规定，应适用与涉案纠纷具有最密切联系的我国内地法处理本案的争议。

又如，在 GY 船务有限公司与 HL 物流有限公司、刘××关于海上、通海水域货物运输合同纠纷一案〔（20××）×××民初 1342 号〕中，法院认为该案为涉港海上货物运输合同纠纷，依据《涉外民事关系法律适用法司法解释》，该案法律适用依据涉外案件处理。于是，法院依据《合同法》第一百二十六条第一款的规定，以最密切联系原则适用了我国内地法。然而，海上货物运输合同是特殊类型的合同，应该优先适用《海商法》关于海上货物运输合同的规定；如《海商法》没有规定的，则适用《合同法》关于合同法律适用的一般规定。在涉外海上货物运输合同的案件中，冲突规范的选择也应同样遵循特别法优于一般法的法律理论。因此，该案的适用法律应为《海商法》第二百六十九条，而非《合同法》第一百二十六条第一款。

二、意思自治原则的法律适用

意思自治原则是涉外民商事法律关系中最早出现的选法原则之一，是指合同双方当事人有权合意选择相应的法律作为他们之间合同的准据法的法律适用原则。自 20 世纪 50 年代之后，意思自治原则的适用领域表现出不断扩张的趋势，扩展适用于侵权、知识产权、婚姻家庭、继承等领域。[①] 在意思自治原则从合同领域向其他财产关系领域乃至具有人身性质的民事法律关系领域的扩展适用中，意思自治也因其对涉外民商事关系当事人自主处分自己权利的充分尊重而成为灵活性较强的法律选择方法。

[①] 黄进、姜茹娇：《〈中华人民共和国涉外民事关系法律适用法〉释义与分析》，法律出版社 2011 年版，第 15～16 页。

意思自治的选法原则也是我国涉外民商事法律关系有关冲突规范的立法文件和司法文件中一以贯之的法律选择方法。《涉外民事关系法律适用法》第一次以立法文件的形式将意思自治原则作为法律选择的基本原则规定在其第一章"一般规定"第三条中。该条对意思自治原则的规定是一条原则性规定,其作用并非在于将该原则直接适用于涉外民商事司法实践,而是体现一种涉外民事关系法律适用法的立法原则和宗旨,其意义在于彰显一种理念,即最大限度地承认私人意志对其私法行为的自主性。在现代社会中,随着国际民商事交往的日益深入,私法首先要保护私人利益的理念已被社会普遍接受,唯有最大限度地承认私人对私法行为的自主性,才能通过私人自己的意志与行为,实现私人利益的最大化。基于意思自治原则在私人利益实现中的重要作用,《涉外民事关系法律适用法》在"一般规定"第三条中对意思自治原则的宣示性规定正是契合了意思自治的这一重要功能。①

《涉外民事关系法律适用法》第三条以"依据法律规定"和"明示选择"作为当事人选择意思自治原则的适用条件,即当事人能否合意选择适用于涉外民商事关系的法律,必须遵守法律的具体规定且以明示方式做出合意选择。《涉外民事关系法律适用法司法解释》第六条进一步解释了在意思自治原则适用中,当事人行使合意选择法律的权利时应遵循法律规定,否则当事人的合意选法行为无效。根据《涉外民事关系法律适用法》的规定,当事人可以合意选择法律的领域包括委托代理、信托、仲裁协议、夫妻财产关系、协议离婚、动产物权、合同、侵权责任、不当得利和无因管理、知识产权中的合同与侵权②,如在上述领域中,涉外民商事法

---

① 黄进、姜茹娇:《〈中华人民共和国涉外民事关系法律适用法〉释义与分析》,法律出版社2011年版,第13页。

② 当事人可以合意选择法律的领域的规定分别见之于《涉外民事关系法律适用法》第十六条、第十七条、第十八条、第二十四条、第二十六条、第三十条、第三十八条、第四十一条、第四十四条、第四十九条、第五十条。此外,《海商法》第二百六十九条、《民航法》第一百八十八条分别对涉外海事合同、涉外民用航空运输合同中当事人合意选择法律的意思自治原则做出了明确规定。

律关系的当事人明示合意选择了适用的法律,则法院应该尊重当事人的选择意愿,优先适用当事人合意选法的法律,即法院应直接适用上述各领域法律关系所涉的允许当事人合意选择法律的相关法条,而非直接援用《涉外民事关系法律适用法》第三条。

在涉外民商事的审判实践中,对《涉外民事关系法律适用法》关于意思自治原则的宣示性规定条款和该法其他涉及当事人合意选法的条款之间的关系,绝大部分法院都能正确理解和把握,一般不直接将该法第三条作为当事人合意选法的唯一法律适用依据。然而,仍然有一些法院对该法第三条与该法其他涉及当事人合意选法的条款之间的关系存在理解上的偏差,从而在法院裁判中出现对意思自治原则适用中法律适用依据的判断失当现象。

在 XL 石化股份有限公司、TK 科技株式会社买卖合同纠纷一案〔(20××)××法民终349号〕中,一审法院认为双方当事人在庭审中已选择适用我国法律,故依据《涉外民事关系法律适用法》第三条确定我国法律为该案准据法。和一审法院的法律适用思路完全相同,二审法院认同一审法院确定的准据法。在该案中,两审法院的判决书对于《涉外民事关系法律适用法》第四十一条是否适用都没有进行阐释。① 该案为涉外买卖合同纠纷,我国有关涉外合同法律适用的法律文件,自于1985年公布的最早规定涉外合同法律适用的《中华人民共和国涉外经济合同法》(已失效),到《民法通则》《海商法》《民航法》,以及《涉外民事关系法律适用法》,一直采用意思自治原则与最密切联系原则相结合的法律选择模式。而且,各个时期由我国最高人民法院做出的相关司法解释意见以及涉外商事海事审判的会谈纪要,也对涉外合同领域适用意思自治原则的具体内容

---

① 在涉外合同纠纷中,直接适用《涉外民事关系法律适用法》作为当事人合意选法的法律适用依据的同类案例并不限于本章所举例证,此处对该类案例不做一一列举。

进行了详细的规定。① 这些法律文件和司法文件对当事人合意选法的时间、方式、范围，以及是否需要存在实际联系等方面，进行了明确的规定，丰富了意思自治原则的适用内涵。《涉外民事关系法律适用法》第三条将意思自治原则提升为原则性高度的法律选择原则，实即表明立法者对涉外民商事关系领域当事人自由意志的尊重。该规定旨在表明立法者对私法自治精神在法律选择领域一以贯之的理念，因此，从这个角度而言，该规定本身并非一般的裁判性法律规范，而更多属于一种彰显立法者态度的宣示性法律规范。而欲实现该规定作为裁判规范的功能，则必须借助或结合我国法律中有关意思自治原则适用的具体涉外民商事领域的相关法条。因此，《涉外民事关系法律适用法》第三条不能单独成为涉外合同等涉外民商事领域当事人合意选法的法律适用依据。例如，在 AP 有限公司诉 YS 进出口有限公司海上货物运输合同纠纷一案［（20××）×海法初字第 1076 号］中，因标的物涉外，法院认为该案为具有涉外因素的海上货物运输合同纠纷。根据《最高人民法院关于海事法院受理案件范围的规定》第二十五条的规定，海上、通海可航水域货物运输合同纠纷案件由海事法院专门管辖。该案运输目的地为 Y 港，属法院辖区，依据《民事诉讼法》第二十七条关于"因铁路、公路、水上、

---

① 相关规定可见《中华人民共和国涉外经济合同法》第五条，《民法通则》第一百四十五条，《海商法》第二百六十九条，《民航法》第一百八十八条，《涉外民事关系法律适用法》第四十一条，1987 年最高人民法院印发的《关于适用〈涉外经济合同法〉若干问题的解答》的通知［法（经）发〔1987〕27 号］（已失效）第二部分"关于处理涉外经济合同争议的法律适用问题"中的第（二）项、第（四）项、第（五）项、第（六）项、第（七）项，2007 年最高人民法院公布的《关于审理涉外民事或商事合同纠纷案件法律适用若干问题的规定》（法释〔2007〕14 号）（已失效）第一条、第三条、第四条、第五条，2005 年最高人民法院发布的《关于印发〈第二次全国涉外商事海事审判工作会议纪要〉的通知》（法发〔2005〕26 号）第五部分"关于涉外商事合同的法律适用"中的第四十六条、第四十七条、第四十八条、第五十五条、第五十六条，《涉外民事关系法律适用法司法解释》第六条、第七条、第八条、第九条。

航空运输和联合运输纠纷提起的诉讼,由运输始发地、目的地或者被告住所地人民法院管辖"的规定,认定法院对该案具有管辖权。随后法院以涉案货物运输目的地及被告所在地均在中国内地且中国内地与涉案合同有最密切联系为由,依据《海商法》第二百六十九条的规定确定我国法律为该案的准据法。通过分析推理,法院认定中国内地为最密切联系地,于是直接适用了《海商法》第二百六十九条第二序位的选法依据,即最密切联系的选法标准。然而,事实上,《海商法》第二百六十九条有关涉外海事合同法律适用的规定中列举了两个连结点,即当事人合意选择及最密切联系地,而且依该条规定,仅在当事人合意选择这个连结点无法发挥其选择法律的功用时,最密切联系地这个连结点才能启用。换言之,最密切联系地能否真正实现其作为选择法律连结点的功能,条件为且仅仅为——由于各种主观、客观情形而导致形成当事人合意选法之不能状态,实践中一般包括这些情形,如当事人未达成选法合意、当事人合意选择的法律无效或不存在,唯有在此等情形下,最密切联系原则作为连结点的显性功能才得以真正发挥出来。否则,如果当事人合意选择了涉外海事合同适用的法律,则最密切联系地作为连结点的功能就永久处于潜在状态。因而,《海商法》第二百六十九条有关涉外海事合同的冲突规范应属于有条件选择的冲突规范,仅在第一序位的意思自治选法标准无法适用或选法结果无效时,才能适用第二序位的最密切联系选法标准来确定最密切联系地,并最终以最密切联系地的实体法为准据法来解决该案纠纷。然而,该案法院在判决中径行适用了第二序位的选法标准,至于第一序位的选法标准为何不能适用,是由于当事人未能达成选法合意,还是由于当事人尽管达成了选法合意且选择了某外国(法域)法,却未能提供该合意选择的外国(法域)法等其他因素?从调研获取的公开判决书中,笔者未能看到法院对此问题的阐述。

如上文所述,作为法律选择方法之一的意思自治,一直是涉外合同法律适用中第一序位的选法标准。《涉外民事关系法律适用法》承继了意思自治在我国涉外合同法律选择中第一序位选法标准的做法,并进一步将意思自治提升为涉外民商事法律关系法律适用中具有法律选择原则地位的高度。由此，当事人合意选择法律原则首次作为选法的指导性原则被规定在我国目前唯一的具有冲突法性质的法律文件中，而且表述在总则部分。该条规定将当事人合意选择法律的权利上升到我国国际私法基本原则的地位，对当事人在法律适用方面的意思自治权给予了充分尊重。然而，《涉外民事关系法律适用法》第三条对意思自治选法内容的规定仅限于当事人的明示方式。事实上，在实践中广泛存在涉外民商事交易当事人默示合意选法的方式，而默示合意选法方式也为最高人民法院此前相关司法解释文件所认可。《涉外民事关系法律适用法》第三条的规定使得默示合意选法不复具有法律依据、不再有适用的可能，这不仅有悖于我国涉外合同法律选择的实践做法，而且也与作为选法原则的意思自治适用中日益宽松的国际立法实践不相一致，因此，最高人民法院于《涉外民事关系法律适用法司法解释》第八条第二款中再次对默示选法行为予以肯定和认可。在此意义上而言，《涉外民事关系法律适用法司法解释》第八条第二款实则是对《涉外民事关系法律适用法》第三条的补充。因此，如果不考虑《涉外民事关系法律适用法司法解释》司法文件的性质，则《涉外民事关系法律适用法司法解释》第八条第二款仍然是意思自治选法原则的原则性规定，该条款强调在涉外民商事案件的法律适用阶段，应当充分尊重当事人双方的自由选法合意。

尽管有如上阐释，《涉外民事关系法律适用法》第三条的原则性规定却并不意味着任何一类具体的涉外民商事案件都可适用意思自治的选法原则，某具体涉外民商事法律关系是否适用意思自治以及对意思自治的限制如何，仍然需要以该具体类别的涉外民商事法律关系的冲突规范为判断依据，即以《涉外民事关系法律适用法》第三条中的"根据法律规定"为准。《涉外民事关系法律适用法》第三条对意思自治选法的宣示性规定"更像是一种法律原则，发挥着指引立法精神的作用。在具体适用时，若其他部门法或本法其他各章对具体领域的规定中赋予当事人法律适用选择权的，首先适用的是其他部门法或各章节的具体规定"①。然而，在涉外民商事的司法实践中，却屡次出现法院单独适用《涉外民事关系法律适用法》第三条的意思自治原则性规定作为裁判法律依据的情形。尤其是在涉外合同案件的准据法确定中，有的法院直接适用《涉外民事关系法律适用法》第三条关于意思自治的原则性规定，却不援引《涉外民事关系法律适用法》第四十一条、第四十二条、第四十三条的一般合同法律适用条款，以及《合同法》第一百二十六条第一款、《海商法》第二百六十九条、《民航法》第一百八十八条中有关涉外合同法律适用的特别规定。

例如，在 SY 公司、马来西亚 JC 银行有限公司金融借款合同纠纷一案［（20××）××法民终 636 号］中，一审法院在确定纠纷性质为涉外金融借款合同纠纷后，依据《涉外民事关系法律适用法》第三条，认为在该案双方当事人签订的贷款协议中约定了法律选择为马来西亚法律或在前者无法适用时才适用中国法，后来，因为当事人无法提供马来西亚法律，于是依据《涉外民事关系法律适用法》第十条认定当事人选择的马来西亚法律无法适用。在该案裁判文书中，法官依据《涉外民事关系法律适用法》第十条、第四十一条的规定，认为该案金融借款合同纠纷应适用我国法律予以解决。在确定了该案金融借款合同纠纷应适用我国法律为准据法之后，裁判文书接着写道："本案涉《抵押协议》第××条约定'中华人民共和国法律适用于本合同的签署和解释以及相关争议的解决'，双方在抵押合同中约定了案涉抵押纠纷应适用中华人民共和国法律，上述约定符合法律规定，依法予以确认。综上所述，案涉借款法律关系及抵押担保法律关系均应适用中华人民共和国法律予以审理。"以上一审法院对该案所认定的金融借款合同纠纷的法律适用，分为两个不同的面向。其一，其中一方当事人申请该案应适用马来西亚法律，而法官依据《涉外民事关系法律适用法》第三条意思自治原则的规定，首先肯定了当事人合意选择马来西亚法律的权利。随之而来的问题

---

① 黄进、姜茹娇：《〈中华人民共和国涉外民事关系法律适用法〉释义与分析》，法律出版社 2011 年版，第 19～20 页。

是，由于当事人合意选择的马来西亚法律为外国法，因此，必须处理当事人合意选择的马来西亚法律这个外国法的查明问题。按照我国《涉外民事关系法律适用法》第十条以及《涉外民事关系法律适用法司法解释》第十七条第二款的相关规定，在当事人合意约定选择外国法时，当事人应提供其合意选择的外国法，如果当事人在人民法院指定的合理期限内在无正当理由的情形下而未提供该外国法律的，可以认定为不能查明外国法律。因此，尽管当事人主张适用马来西亚法律，但由于本案当事人无法向审理法院提供其合意选择的马来西亚法律，所以，一审法院认定当事人合意选择的马来西亚法律无法适用。法官对当事人合意选择马来西亚法律适用于其间金融借款纠纷合同的判断依据仅有《涉外民事关系法律适用法》第三条这个宣示性规定，却并未提及《合同法》第一百二十六条第一款和《涉外民事关系法律适用法》第四十一条。其二，在法官对该案金融借款合同纠纷法律适用的心证公开书写中，法院根据《涉外民事关系法律适用法》第十条、第四十一条认定该案金融借款合同纠纷应适用我国法律予以解决。

该案一审法官对涉外合同纠纷中意思自治原则适用的解读有两个不同阶段的表现。一审法官第一次对意思自治适用于涉外民商事合同的解读，表现在对一方当事人主张适用马来西亚法律的回应中，此时，一审法官认为，该案涉外金融借款合同是否适用当事人合意选择的马来西亚法律的判断依据是《涉外民事关系法律适用法》第三条的原则性宣示。[①] 而一审法

---

① 单独适用《涉外民事关系法律适用法》第三条以意思自治原则选择准据法的类似合同纠纷案例还有很多，如 XL 石化股份有限公司、TK 科技株式会社买卖合同纠纷案 [（20××）××法民终 349 号]、YC 有限公司、范××委托合同纠纷案 [（20××）××法民终 859 号]。在这两个案例中，一审法院依据《涉外民事关系法律适用法》第三条，确认当事人合意选择我国法律的权利，最高人民法院对一审法院适用法律的做法予以认可。再如，具有涉港因素的 HM 实业股份有限公司、TJ 燃料油公司委托合同纠纷再审审查与审判监督民事裁定案 [（20××）××法民申 6273 号]，具有涉台因素的 YS 集团有限公司、陈××民间借贷纠纷案 [（20××）××法民终 856 号]，一审法院均依据《涉外民事关系法律适用法》第三条的规定，确认当事人合意选择我国法律的权利，在这些案件的后续审判程序中，一审法院有关法律适用的主张皆得到其他审理法院的认可。

官第二次对意思自治适用于涉外民商事合同的解读,则表现在法官对法律适用心证公开的书写阐释中,此时,一审法官对该案涉外金融借款合同、案涉抵押合同应适用我国法律的判断依据则是《涉外民事关系法律适用法》第十条及第四十一条。尽管一审法官对该案涉外金融借款合同法律适用的结论判断是正确的,但在两次解释意思自治适用于涉外金融借款合同的法律适用过程时,一审法官却分别援引了不同的法律条文。我们要思考的是:其中的原因是什么?在一审法官眼中,《涉外民事关系法律适用法》第三条和第四十一条两者之间究竟是何种关系?可否仅依据《涉外民事关系法律适用法》第三条和第十条而得出当事人依意思自治原则选择法律是否有效的结论?

关于该案涉外金融借款合同的法律适用问题,二审法院和一审法院处理的不同之处表现在,二审法院在适用我国法律依据中并未提到《涉外民事关系法律适用法》第三条,而是根据《涉外民事关系法律适用法》第四十一条及第十条而认定该案应适用我国法律。如此分析,涉外民商事合同以当事人意思自治作为选法原则时应如何适用法律?对此问题的回答,二审法院和一审法院显然给出了不同观点,也在一定层面上映射出在法律适用层面上,我国不同法院对意思自治原则在涉外民商事合同中适用的不同立场。

三、最密切联系原则的法律适用

自《民法通则》生效以来,最密切联系原则作为常用的法律选择方法之一,一直是我国涉外合同法律适用中选择法律的补充方法。按照司法界人士的观点,最密切联系原则适应了涉外民商事关系的复杂性,为司法实践提供了灵活的法律选择方法,某种程度上,该原则避免了由于冲突规范的刚性而可能带来的不公平结果。[①]《涉外民事关系法律适用法》第四十

[①] 刘贵祥:《涉外民事关系法律适用法在审判实践中的几个问题》,载《人民司法》2011年第11期,第39页。

一条对涉外合同法律适用的规定中依然沿袭旧有做法，将最密切联系原则作为意思自治原则无法适用时的补充性法律选择方法。此外，《涉外民事关系法律适用法》以"一般规定"的总则性内容的立法方式对最密切联系原则的适用重新做了定位，该法第二条第二款规定，该法和其他法律对涉外民事关系法律适用没有规定时，则适用最密切联系原则。该法第二条第二款的规定实质是将最密切联系原则提升为法律选择的指导原则，即在法律无明文规定时，最密切联系原则对法律选择起指导作用。[1]《涉外民事关系法律适用法》第二条第二款实即将最密切联系原则作为我国涉外民商事法律关系法律选择中具有补缺性质的兜底性条款[2]，即只有在我国立法文件和司法文件对某领域的具体涉外民商事法律关系的法律适用不存在明确规定时，该条款才能适用。此外，《涉外民事关系法律适用法》也在一些类型的涉外民商事法律关系中，具体规定了最密切联系原则的适用。[3]《涉外民事关系法律适用法》对最密切联系原则的原则性规定和规则性规定非常明确，大部分法院都能对《涉外民事关系法律适用法》第二条第二款和我国立法文件和司法文件中有关最密切联系原则规定之间的关系做出正确的理解和把握。然而，在我国涉外民商事审判实践中，一些法院却并未对最密切联系原则的原则性规定的适用条件仔细斟酌，而在涉外合同纠纷中直接援引《涉外民事关系法律适用法》第二条第二款作为裁判依据。

例如，在JY公司与HK公司、刘××债权转让合同纠纷一案［（20××）××民三初字第96号］中，法院以原告为香港公司而认定该案为涉

---

[1] 《涉外民事关系法律适用法》第二条第一款规定：涉外民事关系适用的法律，依照本法确定。其他法律对涉外民事关系法律适用另有特别规定的，依照其规定。该条第二款规定：本法和其他法律对涉外民事关系法律适用没有规定的，适用与该涉外民事关系有最密切联系的法律。

[2] 杜涛：《涉外民事关系法律适用法释评》，中国法制出版社2011年版，第57页。

[3] 参见《涉外民事关系法律适用法》第四十一条。

外民商事案件，而该案具体纠纷的性质是否为合同纠纷，以及为何种类型合同纠纷，判决文书并未对这些问题予以表述。法院径直以该案当事人双方未选择法律为由，认定该案可适用中国法，而对于我国法律何以适用于该案的缘由及法理逻辑，法院并未具体阐释，仅在判决书最后的法律依据部分引用了《涉外民事关系法律适用法》第二条第二款和第四十一条。①该案审理法官本应阐释因案涉当事人双方未选择法律，故涉外合同法律适用中的意思自治原则无法适用，因此，该案应适用最密切联系原则。法官此时应使用特征性履行方法分析确定该案纠纷的最密切联系地，即根据合同的特殊性质，分析哪方当事人的义务履行最能体现合同本质特征等因素，而确定适用履行义务最能体现案涉合同特征的一方当事人经常居所地法律或其他与该合同有最密切联系的法律。按照特征性履行学说及我国司法实践中对特征性履行方法的一贯理解，买卖合同的特征性履行方为卖方，买卖合同应适用卖方住所地法；除非合同在买方住所地谈判并订立，或合同主要是依据买方确定的条件并应买方发出的招标订立，或合同明确规定卖方必须在买方住所地履行交货义务时，涉外合同才适用买方住所地法。② 具体到该案而言，审理法官应在裁判文书中阐释该案涉外买卖合同并非在买方住所地谈判并订立，而且根据合同约定及双方当事人履行义务的情形，合同并非主要是依据买方确定的条件并应买方发出的招标订立，同时，该案合同并未明确规定卖方必须在买方住所地履行交货义务。换言之，法官应先阐释该案涉外买卖合同并不存在买方住所地法适

---

① 同类案例有 HL 有限公司与 CS 有限公司所有权确认纠纷案〔（20××）×民初 1923 号〕，在该案中，法院以双方当事人未就该案法律适用做出选择且涉诉合同履行地在我国境内为由，而适用《涉外民事关系法律适用法》第二条第二款和第四十一条，最终适用我国法律为准据法。

② 相关规定见 2007 年公布的《最高人民法院关于审理涉外民事或商事合同纠纷案件法律适用若干问题的规定》（法释〔2007〕14 号）（已失效）第五条第二款、2005 年最高人民法院发布的《关于印发〈第二次全国涉外商事海事审判工作会议纪要〉的通知》（法发〔2005〕26 号）第五部分"关于涉外商事合同的法律适用"中的五十六条。

用的三种可能情形中的任何一种情形,故买方住所地这一连结点无法适用,则买方住所地法无法适用,因此,该案涉外买卖合同应适用卖方住所地法。然后,法官应阐释该案涉外买卖合同中卖方住所地位于中国内地的事实和理由,故该案涉外买卖合同应适用卖方住所地的内地法。如此分析的法律适用推理过程才是内地作为最密切联系地得以确定的合理分析,中国法的内地法是由于内地作为涉外买卖合同中特征性履行方的卖方的住所地法而得以适用的。然而,在该案涉外买卖合同纠纷当事人未合意选择法律的说明之后,适用内地法的法律适用依据是否为最密切联系原则,内地法因何理由而被认定为最密切联系地法,内地因何事由而被视为最密切联系地,是否适用了特征性履行方法而确定内地为最密切联系地,以及特征性履行方法是如何适用的,对于这些问题,审理法官均未在裁判文书中做出任何的推理分析,而只是给出一个任由裁判文书当事人和社会公众反推和猜测的断然性结论。这一缺乏法律适用说理过程的裁判结论的说服力可想而知。而且,本案法官对适用内地法的阐释方式也容易在社会公众心目中形成一种"最密切联系地往往为内地"的似是而非的武断的惯性认知,而这个惯性认知又在很大程度上阻碍着涉外民商事裁判文书公信力的彰显和提升。从审理法院的角度考虑,在涉外民商事审判实践中,法官不加分析地将最密切联系地确定为我国内地而最终适用我国内地法,也具有司法操作中的诸多便利。例如,如果确定内地为最密切联系地,进而适用内地法为准据法,则可以省去外国(域)法适用中的外国(域)法查明制度中的诸多问题。所以,在涉外民商事审判中,也不能排除个别审案法官出于免于承担外国(域)法查明职责的缘由,而将内地确定为最密切联系地的可能。

在乔××与香港ZH有限公司船员劳务合同纠纷一案〔(20××)×72民初393号〕中,法院认为本案为涉港因素的船员劳务合同纠纷。原告依据最密切联系原则选择适用我国内地法,法院以原告为中国籍船员、原告上下船的港口以及船舶扣押地均为我国内地、我国内地法与该涉外民事关系有最密切联系,支持了当事人的法律适用主张。法院认为,该案的法律适用依据为《涉外民事关系法律适用法》第二条第二款。而分析《涉外民事关系法律适用法》第二条第二款的规定可知，最密切联系原则仅在我国法律未对某涉外民事关系的法律适用做出规定时，才发挥其拾遗补缺之作用。《涉外民事关系法律适用法》该条款的规定实则是将最密切联系原则作为我国涉外民事关系法律适用的最后方法，最密切联系原则从潜在的、可能适用的状态变为必须适用的状态仅仅是偶然情形，即立法未明确规定某项涉外民事关系法律适用的情形。显然，这种情形属于立法未尽事项，并不常见。而本案为涉港船员劳务合同纠纷，即涉外海事合同纠纷，《海商法》第二百六十九条对此类合同法律适用有明确规定，故本案应适用《海商法》第二百六十九条的意思自治原则和最密切联系原则。因本案当事人未达成协议选法的合意，也未形成适用某国法的默示形式，故应适用最密切联系原则，适用最密切联系地法为纠纷解决的准据法。尽管该案审理法官以《涉外民事关系法律适用法》第二条第二款为法律依据的处理结果与本应适用《海商法》第二百六十九条为法律依据的处理结果相同，但也不能因结果之一致而否认法律适用过程的瑕疵。

在孔××、温××与马××民间借贷纠纷一案［（20××）××法××终字第426号］中，一审法院以该案当事人未约定处理争议所适用的法律，而该案借款合同履行地位于我国内地为由，依据《涉外民事关系法律适用法》第二条第二款之最密切联系原则适用我国内地法。而二审法院则以涉案双方当事人未明确约定法律适用，而且均对一审法院的法律适用无异议为由，维持一审法院的法律适用决定。在该案中，一审法院与二审法院对最密切联系原则适用于该案的推理过程并不相同，如果说一审法院对法律适用的判断在司法实践中并非罕见，而二审法院对法律适用的理由阐释，却将最密切联系原则适用与当事人的意愿关联起来。而事实上，最密切联系原则的适用并不需要以双方当事人的一致同意为条件。

最密切联系原则在我国司法实践中的应用情况表明，法官往往只对最密切联系的因素加以简单列举，而很少对所列举的各个因素在联系程度上进行充分的比对论证，也较少阐释究竟哪个因素与案件有最密切的联系。

造成这一现象的其中一个重要原因在于过去我国法律文件有关最密切联系原则的规定较为简单，尤其是对于确定最密切联系地的方法和标准没有清晰的界定，对特征性履行方法的含义和具体应用也没有做出明确规定。为了弥补立法文件中对最密切联系地确定方法和标准的疏漏，最高人民法院通过有关司法解释意见和审判工作会议纪要的形式对此问题做出了补充规定。早在1987年最高人民法院印发《关于适用〈涉外经济合同法〉若干问题的解答》的通知第二部分"关于处理涉外经济合同争议的法律适用问题"的第六条中，就明确列举了十三类合同的最密切联系地，并规定如果合同明显与另一国家或地区的法律具有更密切的关系，则适用该国家或地区法律为合同争议的依据。尽管该文件第六条并无"特征性履行"的字眼，然而，该条规定实质上是我国涉外民商事司法实践中最早采用特征性履行方法来确定最密切联系地的标志。这十三类涉外合同准据法的确定，"大多数属于担负特征性给付义务的合同当事人的营业所在地法律，这说明我国司法实践在确定与合同有最密切联系的法律时，与目前世界上盛行的'特征性给付'或'特征性履行'主张是一致的"①。然而，这一司法文件随着1999年《合同法》的生效而被废止。直至2005年最高人民法院向全国法院系统发布《关于印发〈第二次全国涉外商事海事审判工作会议纪要〉的通知》，该会议纪要的第五部分"关于涉外商事合同法律适用"的第五十六条基本上沿袭了上述十三类涉外合同中绝大部分合同准据法的确定方法，而且增加了债券发行、销售和转让合同、拍卖合同等几种新的合同类型，共对十七类涉外合同最密切联系地的确定做了明确列举。这种以特征性履行方法来确定十七种涉外合同最密切联系地的方法受到了理论界和司法实务部门的一致认可，也是我国司法实践中以特征性履行方法确定最密切联系地的沿袭与升华，该规定对涉外民商事审判实践具有相当重要的指导性和法律适用上的统一性。该会议纪要有关最密切联系地的确定方法在2007年最高人民法院公布的《关于审理涉外民事或商事合同纠纷

---

① 黄进：《国际私法》，法律出版社2005年版，第316页。

案件法律适用若干问题的规定》第五条中得到了完全遵循，以特征性履行性方法确定最密切联系地已然成为我国涉外民商事司法实践中的统一标准。这一方法在避免了最密切联系地确定中的随意性的同时，也实现了最密切联系原则自始具有的灵活性功能；另外，这一方法也部分实现了涉外民商事纠纷中法律适用的统一。然而，由于与自2011年4月开始施行的《涉外民事关系法律适用法》相冲突，2007年公布的《关于审理涉外民事或商事合同纠纷案件法律适用若干问题的规定》于2013年4月失效，而该规定中关于以特征性履行方法确定最密切联系地的内容却并未为《涉外民事关系法律适用法》《涉外民事关系法律适用法司法解释》或其他立法文件及司法文件所包含。因而，自2013年4月至今，关于如何确定最密切联系地，在我国涉外民商事审判实务中，尽管有部分法官运用特征性履行方法确定最密切联系地的司法实践，但是，在缺乏立法文件的法律依据和司法文件的司法适用依据的大背景下，该做法中对特征性履行方法的运用毕竟仅是从法理角度出发的，此时，法官对特征性履行方法适用于最密切联系地的确定实即类同于依据法理进行裁判，而非依法进行法律适用。在大陆法系体例的我国，于法官本人而言，这种做法自然并非最优选择。也正因此，在涉外民商事审判实践中，有的法官在适用最密切联系原则时会出现过于简单和随意的现象。

当然，有一些法官也意识到裁判文书中充分说理之重要，对最密切联系原则适用的理由也以尽可能多的笔墨将其适法心证书之于判决书中，对密切联系的因素进行事实性的一一陈述。司法实践中对最密切联系原则的类似释法说理广泛存在，这种现象至少表明，随着司法改革的深入和各项法律制度建设的日益完备，对法律适用的释法说理已经构成法官书写涉外民商事裁判文书的必然步骤之一，释法说理意识已然融入全国法院系统广大法官的血脉。诚然，释法说理的日臻完美的确是一个永无尽头的追求过程，我国涉外民商事裁判文书法律适用的释法说理已然呈现出对该追求的良好回应，可以肯定的是，涉外民商事司法裁判的实践也正在向完善的目标一步步靠近。

当然，涉外民商事裁判文书对于法律适用的释法说理仍然需要在理论上予以提升。例如，有的法院适用最密切联系原则时，在裁判文书有关法律适用心证公开部分书写如"双方当事人对适用中国法并无异议"①，此举存在释法说理过度之嫌，因为当事人双方的合意并非最密切联系原则的适用要件。最密切联系原则是法官依其自由裁量权认定最密切联系地这个连结点于具体个案的表现，从而适用该连结点所在地国家或法域的实体法的法律选择方法。该原则的适用不容许当事人法律适用选择权的存在。而在司法实践中，法官以当事人无异议作为对最密切联系地适用合理性的论证理由，这一论证实即表明法官对最密切联系原则的理解本身存有谬误。换言之，在这种论证中，法官关注更多的只是联系因素量上的比对。然而，在不同联系因素中，何者最具有质上的超优选性或优选性，该超优选性或优选因素的衡量标准与确定原则是什么，这些才是最密切联系原则适用中最为核心的考量环节。令人遗憾的是，对这些内容的阐述却仍未广泛出现在我国涉外民商事裁判文书的释法说理中。在多年前，就有国内学者对最密切联系原则的适用提出了较为中肯的观点。他们认为，最密切联系原则的适用至少包括几个因素：联结因素的找寻、联结因素在不同国家或法域的数量分布情况、对不同联结因素重要性的分析、不同联结因素与个案争诉的意义、综合衡量。② 许多年过去了，这些观点言犹在耳，而我国涉外民商事裁判文书中最密切联系原则的释法说理依然需要这些观点的指导。

---

① 参见 YX 公司与 SL 有限公司买卖合同纠纷一案［（20××）××法民二终字第 662 号］的判决书。

② 肖永平：《法理学视野下的冲突法》，高等教育出版社 2008 年版，第 467～468 页。

第三节　涉外民商事裁判文书释法说理的其他问题

一、涉港、澳、台民商事裁判文书的释法说理

（一）涉港、澳、台民商事案件审理程序和法律适用的相关规定

由于我国多法域并存的事实状况，涉港、澳、台民商事案件的法律适用也是涉外民商事纠纷解决中的重要问题。尽管我国目前有效的法律文件都未对此做出明确规定，但是，对于区际民商事案件或既涉外国又涉港、澳、台的民商事案件，我国司法实践历来主张参照涉外国因素的民商事案件的规则来处理。涉港、澳、台民商事案件的审理程序和法律适用的立法沿革在我国经历了以下的发展历程。

早在 1984 年发布的《最高人民法院关于贯彻执行〈民事诉讼法（试行）〉若干问题的意见》就曾规定："涉港、澳同胞案件不属于涉外案件。鉴于港、澳地区的特殊地位，审理这类案件，可参照民诉法第五编（涉外民事诉讼程序的特别规定）和其他有关规定办理。"[①]其后，在 1987 年发布的《最高人民法院关于审理涉港澳经济纠纷案件若干问题的解答》（现已失效），最高人民法院于 1989 年发布的《关于印发〈全国沿海地区涉外、涉港澳经济审判工作座谈会纪要〉的通知》[法（经）发〔1989〕12号]，对审理涉港、澳案件的管辖、法律适用等问题做了进一步规定，即在诉讼程序方面，依据《中华人民共和国民事诉讼法（试行）》关于涉外

[①]《最高人民法院关于贯彻执行〈民事诉讼法（试行）〉若干问题的意见》第十二部分"审理涉及港、澳同胞的案件问题"。

民事诉讼程序的特别规定办理；在法律适用方面，依据《民法通则》第八章涉外民事关系的法律适用和《中华人民共和国涉外经济合同法》第五章的规定办理，应适用香港、澳门地区法律或外国法律的，可以适用。然而，在《中华人民共和国民事诉讼法（试行）》废止后，在1992年发布的《最高人民法院关于适用〈中华人民共和国民事诉讼法〉若干问题的意见》却未重申这一原则。直至1993年最高人民法院在其发布的《全国经济审判工作座谈会纪要》中指出，人民法院审理涉外及涉港、澳经济纠纷案件，应当按照《民法通则》第八章的规定和《中华人民共和国涉外经济合同法》等有关规定办理。① 在2005年发布的《最高人民法院关于印发〈第二次全国涉外商事海事审判工作会议纪要〉的通知》规定，涉及香港特别行政区、澳门特别行政区以及台湾地区的商事海事纠纷案件，该纪要没有特别规定的，参照适用该纪要关于涉外商事海事纠纷案件的有关规定。② 在2008年发布的《最高人民法院关于印发〈全国法院涉港澳商事审判工作座谈会纪要〉的通知》（法发〔2008〕8号）规定涉港、澳案件的管辖问题，参照适用《民事诉讼法》第四编和《最高人民法院关于涉外民商事案件诉讼管辖若干问题的规定》的规定。③

此后，涉港、澳民商事案件的法律适用问题直至《涉外民事关系法律适用法司法解释》才以司法解释的形式予以再次明确。该司法解释第十九条规定，涉及香港特别行政区、澳门特别行政区的民事关系的法律适用问题，参照适用该规定，即对涉港、澳民商事案件的法律适用参照涉外案件的法律适用规则进行处理。

2015年发布的《民事诉讼法司法解释》规定，人民法院审理涉及香港

---

① 《最高人民法院关于印发〈全国经济审判工作座谈会纪要〉的通知》（法发〔1993〕8号）第三条。
② 《最高人民法院关于印发〈第二次全国涉外商事海事审判工作会议纪要〉的通知》（法发〔2005〕26号）第十三条。
③ 《最高人民法院关于印发〈全国法院涉港澳商事审判工作座谈会纪要〉的通知》（法发〔2008〕8号）第一条。

特别行政区、澳门特别行政区和台湾地区的民事诉讼案件,可以参照适用涉外民事诉讼程序的特别规定。① 2015 年 3 月,最高人民法院以《涉外商事海事判决文书写作规范》的判决文书要求规范形式再次对涉外及涉港、澳民商事案件的法律适用予以进一步明确,其中规定,涉外及涉港、澳、台民商事案件应当依照《涉外民事关系法律适用法》及《涉外民事关系法律适用法司法解释》《最高人民法院关于审理涉台民商事案件法律适用问题的规定》等司法解释的规定,对上述案件应当适用的法律做出分析认定;涉外及涉港、澳、台海事案件,应当依照《海商法》的相关规定对法律适用问题做出分析认定,《海商法》没有规定的,适用《涉外民事关系法律适用法》及其司法解释的相关规定。② 由此可知,《涉外商事海事判决文书写作规范》不仅明确规定了涉港、澳、台民商事案件参照涉外案件法律适用的一般做法,而且特别明确了在涉外及涉港、澳、台海事案件审理中特别法与一般法适用的次序问题,即涉外及涉港、澳、台海事案件优先适用《海商法》解决该案的法律适用问题,只有在《海商法》没有相关规定时,才适用《涉外民事关系法律适用法》及其司法解释意见的相关规定。

依据裁判文书法律援引的常理,裁判文书中引用多个规范性法律文件的,其引用顺序如下:法律及法律解释、行政法规、地方性法规、自治条例或者单行条例、司法解释。③ 因此,裁判文书中同时引用法律及司法解释的,法律应该书写在前,司法解释书写在后。这也符合不同类型法律和规范性文件的效力位阶理论,而且司法解释意见并非法律性文件。然而,如果一个判决文书中同时引用法律规定和司法解释意见规定时,如果所引用的司法解释意见规定的内容超出了所引用的法律规定的规范事项,即在逻辑上存在司法解释意见规范的内容事项决定着法律规范的内容事项时,

---

① 《民事诉讼法司法解释》(法释〔2015〕5 号)第五百五十一条。
② 《最高人民法院关于印发〈涉外商事海事裁判文书写作规范〉的通知》(法〔2015〕67 号)第十四条第(三)项。
③ 《最高人民法院关于裁判文书引用法律、法规等规范性法律文件的规定》(法释〔2009〕14 号)第二条。

对于法官而言，则需考虑的是：在对法律文件和司法解释文件的援引适用时，如何在裁判文书释法说理中阐释其所遵循的正确援引次第？是否仍然要遵循先引用法律、后引用司法解释的援引书写规范？当然，这一问题的出现仍然源于法律制定中对于原则性问题的掌控和立法之间的沿革与承袭。涉港、澳、台民商事案件在诉讼程序层面参照涉外国民商事案件诉讼程序处理的司法解释一直没有上升为法律层面的规范，而始终是以最高人民法院司法解释意见或会谈纪要的形式存在；涉港、澳、台民商事案件在法律适用问题参照涉外国民商事案件法律适用的规定，也是遵循同一个思路及解决方法的结果。其中，只有两条原则性规范表现为具体的条文，即《民事诉讼法司法解释》第五百五十一条和《涉外民事关系法律适用法司法解释》第十九条。依据对《民事诉讼法司法解释》第五百五十一条规定的合理逻辑推理，涉港、澳、台民商事案件的诉讼程序适用《民事诉讼法》第四编"涉外民事诉讼程序的特别规定"和《民事诉讼法司法解释》中的程序性规范；依据对《涉外民事关系法律适用法司法解释》第十九条规定的合理逻辑推理，在法律适用层面，涉港、澳、台民商事案件适用《涉外民事关系法律适用法》及其司法解释中的法律适用规范。在涉港、澳、台民商事案件的诉讼程序和法律适用层面，该两条规范具有超出其他规范的原则性地位。如此，在涉港、澳、台民商事裁判文书的释法说理中，该两个条文所规范的内容应首先被援引，其后，法官才书写援引具体规则性的诉讼程序和法律选择规范。

涉港、澳、台民商事案件应该首先依据《涉外民事关系法律适用法司法解释》第十九条的规定，参照《涉外民事关系法律适用法》来选择案件的适用法律。

（二）涉港、澳、台民商事案件审理程序和法律适用的文书书写现状分析

在 LX 有限公司与 DF 船务有限公司、吴××海上货物运输合同纠纷一案［（20××）××民初19号］中，法院认为，该案是一宗涉港海上

货物运输合同纠纷。由于各方当事人未能在该案合同的适用法律方面达成一致，而且当事人住所地、运输目的地均在我国内地，于是，法院参照《海商法》第二百六十九条关于当事人未能以意思自治选择适用的法律时，适用最密切联系原则从而适用我国内地法。该案审理法院的选择法律适用结果无疑是正确的，然而，关于涉港海上货物运输合同纠纷为何参照适用《海商法》中有关合同法律适用的冲突规范，在审理法院书写的判决文书中并未见到明晰的阐释。

在 HR 有限公司与 JS 货运代理有限公司、OL 公司海上货物运输合同纠纷一案［（20××）×海法初字第 405 号］中，法院认为该案是具有涉港因素的海上货物运输合同纠纷。法院认为双方当事人一致选择适用美国佐治亚州法，但是，因为当事人未能提供美国佐治亚州法而使本案适用了中国法。在对该案法律适用依据的阐释中，法官本应以《涉外民事关系法律适用法司法解释》第十九条"涉及香港特别行政区、澳门特别行政区的民事关系的法律适用问题，参照适用本规定"的规定为依据，阐释该案海上货物运输合同的法律适用问题应参照我国法院审理涉外国因素的涉外海上货物运输合同的法律适用规定，进而以《海商法》对涉外海上货物运输合同法律适用规定的第二百六十九条为本案的法律依据。《海商法》第二百六十九条规定在当事人没有选择法律时，适用最密切联系原则确定合同准据法。法官应先阐明该案当事人达成了法律选择的合意，选择适用美国佐治亚州法，所以，该案应适用美国佐治亚州法这一外国法。接着，法官应该依据《涉外民事关系法律适用法》第十条和《涉外民事关系法律适用法司法解释》第十七条有关外国法查明的规定，分析阐释美国佐治亚州法是当事人合意选择适用的，因此，应当由当事人提供美国佐治亚州法的内容；然而，由于当事人未能提供或证明美国佐治亚州法，则美国佐治亚州法被依法视为无法查明；根据我国法律规定，当外国法无法查明时，适用我国法律。而在该案裁判文书中，该案当事人选择适用美国佐治亚州法的法律依据何在？该案因何缘由应适用中国法？适用中国法的依据是《海商法》第二百六十九条的最密切联系原则，还是《海商法》第二百六十九条的意思自治原则,以及《涉外民事关系法律适用法》第十条和《涉外民事关系法律适用法司法解释》第十七条的外国法查明制度的相关规定?该案判决书对这些问题都没有提及。

在HD船务(香港)有限公司与HL有限公司海上货物运输合同纠纷一案[(20××)××民初338号]中,因该案主体一方为香港公司,法院认定该案为具有涉港因素的海上货物运输合同纠纷。庭审中,双方明确选择适用内地法,故依据《涉外民事关系法律适用法》第四十一条"当事人可以协议选择合同适用的法律"、《涉外民事关系法律适用法司法解释》第十九条"涉及香港特别行政区、澳门特别行政区的民事关系的法律适用问题,参照适用本规定"的规定,法院认为该案实体争议应适用内地法。在该案的判决文书中,法院对法律适用依据的阐释书写较为完整,然而,对于《涉外民事关系法律适用法司法解释》第十九条及《涉外民事关系法律适用法》第四十一条两条法律适用依据书写的前后次序却完全颠倒了。

在BL公司与PH国际物流有限公司海上货物运输合同纠纷一案[(20××)×民初1405号]中,法院认定该案是具有涉港、涉外因素的海上货物运输合同纠纷,后以双方合意选择中国内地法而依据《海商法》第二百六十九条"合同当事人可以选择合同适用的法律,法律另有规定的除外",适用内地法律为该案纠纷解决的准据法。在该案判决文书中,法院对其享有管辖权的法律依据,以及涉港民商事案件诉讼程序参照涉外程序的规定都未做清晰明确的阐释。

在JY国际贸易有限公司与YM海运股份有限公司海上货物运输合同纠纷一案[(20××)××民初531号]中,法院认为该案是一宗具有涉外、涉台因素的海上货物运输合同纠纷,而后以《海商法》第二百六十九条为法律适用依据,从而认定双方当事人合意选择的内地法为本案纠纷解决的准据法。因该案为涉台民商事案件,所以,该案法律选择依据应遵循《最高人民法院关于审理涉台民商事案件法律适用问题的规定》,而该案判决书对此法律适用依据并未做书写阐述,却径行适用《海商法》第二百六十九条。即便适用《海商法》与适用《最高人民法院关于审理涉台民商事案件法律适用问题的规定》对案件的处理结果并无差异,然而,该案审理法院在法律适用依据的选择流程上却存在瑕疵。

二、法律适用说理的理由阐释

在 ZY 运输东南亚有限公司与 SJ 公司、HM 公司、HF 公司海上货物运输合同纠纷一案〔(20××)××民初1486号〕中,对该案法律关系三要素是否涉外,法院没有在判决书中做出分析,而径行认定该案为涉外海上货物运输合同纠纷。法院以该案原告及两个被告同意选择我国法律解决该案纠纷,而且三被告住所地、该案货物起运港等均在我国境内为由,根据《海商法》第二百六十九条第一款的规定,认为该案应适用我国法律作为准据法。法院在判决书中已经阐明了双方当事人合意选择我国法律,仅依据《海商法》第二百六十九条第一款,我国法律就因当事人的合意选择而具有了适用于该案的正当性。而该案判决书中的"且三被告住所地、本案货物起运港等均在我国境内"并非当事人合意选择法律的构成要件,换言之,被告住所地位于何处、货物起运港位于何地均不会影响当事人合意选择的法律应予适用的法律效果。该案判决书对被告住所地、货物起运港位于我国境内的要素式列举方法,一般是法院适用最密切联系原则时采用的方法。法院适用最密切联系原则以确定最密切联系地时,常常会对与该案件法律关系具有密切联系的要素进行列举式的分析判断,从而决定所列要素中,何者为与该案具有最为密切联系的要素,从而适用该具有最密切联系的要素的所在地法为纠纷解决的准据法。该案判决书对被告住所地、该案货物起运港均在我国境内的表述方式,将本已合乎逻辑的当事人合意选法蒙上了最密切联系地确定判断之嫌疑的阴影。而事实上,在涉外海上货物运输合同的法律适用中,最密切联系原则仅起着补救作用,而非第一位的法律适用原则,其仅作为当事人合意选法的补充方法而适用,即只有在当事人合意选择的法律无法适用时,最密切联系原则才从替补地位而成为真正启用的选法原则。《海商法》第二百九十六条第一款的意思自治原则和第二款的最密切联系原则是有条件选择的法律适用标准，二者只能依照前后次序，在符合各自构成要件时方能适用。基于上述分析，该案审理法院在判决书中对被告住所地、该案货物起运港均在我国境内内容的阐释不仅没有书写的必要，而且还容易使得本已清晰的法律适用规则因该内容的书写而人为地使得法律适用依据变得模糊不清。

三、法律条文的引用规范

"法治首先是规则之治，必须以法律文本为基础。"① 法律规范的具体内容与法条自身的序号一一对应，法条序号是法律内容的表征。在修订法律时，修法机构也要对所修订法条的相应序号进行对照调整。《最高人民法院关于裁判文书引用法律、法规等规范性法律文件的规定》规定，人民法院的判决文书应当依法引用相关法律、法规等规范性文件作为裁判依据。引用时应当准确完整写明规范性法律文件的名称、条款序号，需要引用具体条文的，应当整条（款、项）引用。② 《最高人民法院关于印发〈人民法院民事裁判文书制作规范〉〈民事诉讼文书样式〉的通知》也规定，裁判文书的理由部分需要援引法律、法规、司法解释时，应当准确、完整地写明规范性法律文件的名称、条款项序号和条文内容，不得只引用法律条款项序号而在判决文书后附相关条文。③

我国一些涉外民商事裁判文书存在引用法条不严谨的现象。在引用法律条文的款项时，并未具体写明第几款第几项，而仅仅只笼统表述为某某法第某某条，这样的引用规范，极易使人误以为引用内容为整个法条的全

---

① 韩大元：《以〈宪法〉第126条为基础寻求宪法适用的共识》，载《法学》2009年第3期，第10页。

② 《最高人民法院关于裁判文书引用法律、法规等规范性法律文件的规定》（法释〔2009〕14号）第一条。

③ 《最高人民法院关于印发〈人民法院民事裁判文书制作规范〉〈民事诉讼文书样式〉的通知》（法〔2016〕221号）。

部内容。

在 BL 公司与 PH 国际物流有限公司海上货物运输合同纠纷一案〔（20××）×民初 1405 号〕中，法院认为该案是具有涉港、涉外因素的海上货物运输合同纠纷，后以双方合意选择中国内地法而依据《海商法》第二百六十九条"合同当事人可以选择合同适用的法律，法律另有规定的除外"的规定，适用了内地法律解决该案争议。《海商法》第二百六十九条包括两款，第一款即该案判决书中法官引用的意思自治原则，第二款即最密切联系原则，而该案判决书引用《海商法》第二百六十九条第一款时，在引用的条文序号表述上，法官仅将引用法条概括表述为《海商法》第二百六十九条，而没有具体表述为《海商法》第二百六十九条第一款。

在 XH 国际物流有限公司与 ZL 南美轮船有公司海上货物运输合同纠纷一案〔（20××）×海法初字第 1116 号〕中，法院认为该案是涉外海上货物运输合同纠纷，双方当事人尽管未能合意选择应适用的法律，但均援引我国法律作为其起诉和抗辩的依据。虽然在庭审中，被告曾主张适用英国法律，却未能提供相应的英国法律。因此，根据《涉外民事关系法律适用法》第十条和《涉外民事关系法律适用法司法解释》第八条第二款的规定，法院适用我国法律作为本案纠纷解决的准据法。该案判决书引用的两个条文，前者内容为外国法查明的规定，后者为当事人默示合意选法的规定；前者性质为法律，旨在解决被告主张适用英国法却无法提供英国法的问题，法院认为，因英国法无法查明而应适用我国法律；后者性质为司法解释意见，仅规定了意思自治原则的默示选法方式，而承认默示选法方式的前提在于当事人合意选法或有确定的法律依据，或为司法实践所认可。然而，该案海上货物运输合同是否适用意思自治的选法原则，法院并未在判决书中做出阐释。① 并且，该案判决书仅写明了引用的条文序号，

---

① 对涉外海上货物运输合同纠纷当事人默示选择我国法律的引用阐释得较好的一例为中远海运集装箱运输有限公司与厦门嘉联恒进出口有限公司海上货物运输合同纠纷一案〔（2016）粤 72 民初 952 号〕。

而没有写出该两个条文的内容,这种条文引用书写并不符合《最高人民法院关于印发〈人民法院民事裁判文书制作规范〉〈民事诉讼文书样式〉的通知》中对民事裁判文书的引用规范——应当准确、完整地写明规范性法律文件的名称、条款项序号和条文内容,不得只引用法律条款项序号,在判决文书后附相关条文。尽管法条的条文序号具有表征功能,每一序号皆与具体内容的法律规范一一对应,然而,在判决书中仅仅书写引用的条文序号而不具体列明条文内容,不仅无法使纠纷当事人准确理解法官的法律适用依据,而且就裁判文书的社会效果而言,裁判文书的阐释功能与说服功能也难以完全实现,裁判文书释法说理的实际效果也会大打折扣。

第四节　涉外民商事裁判文书释法说理的相关制度配给

"判决书的意义首先在于——与它之于当事人相同的一点是——它向社会确定了抽象而形而上的立法者之法律所具有的具体意义以及所适用的具体情境。其次,它可以代表国家再次回应(立法机关立法时已经回应了一次)社会公众的某种吁求,从而一方面重新确认法律本身的合法性基础,另一更重要的方面在于,向社会输入或再次确认了某种(可能)蕴含在立法者之法律中的价值追求。"① 涉外民商事裁判文书不只解决个案纷争,而且形塑了一定范围内的社会秩序。

法院裁判文书以法官专业技能的娴熟运用和书写格式的合乎规范彰显着法律原则和规则,不仅具有约束个案当事人的法律效力和对类案的参照功能,同时在定分止争的最低功能外,具有对整个社会民众而言的、无可估量的正义彰显和行为指引功能。法律的社会功能主要是通过法官裁判文

---

① 黄金兰、周赟:《判决书的意义》,载《法律科学》2008年第2期,第17页。

书释法说理中的法理逻辑予以实现。裁判文书作为一种载体和媒介,在严谨的法律规范条文、活泼灵动的个案事实和周密推理的裁判结论之间架起了一座桥梁,将纸面的法律灵动化为现实中的法律,将纷争的特定社会关系纳入有序状态之中,形成法律规范下的法律秩序,"法律秩序和所有社会学系统一样,发挥着多种功能:它平息争执,产生公共规范,用某些系统的价值观教育人民,为职业阶层提供受雇的机会等等"①。法院裁判文书正是法律秩序构建的主要因子,一份要素齐全、结构完整、逻辑严谨、条理清晰、语句规范、繁简得当的法院裁判文书,对于法律秩序、社会秩序的修补和构建来说无疑是最强有力和最具有说服力的技术性文件。因此,仅从社会效益角度而言,涉外民商事裁判文书释法说理的规范化也具有非常重要的意义。针对取样案例中反映的上述问题,笔者认为,应加强以下四个方面问题的认识。

一、规范涉外民商事案件的流程处理

涉外民商事案件与一般民商事案件的首要区别即法律关系三要素之一的涉外性,此特点导致涉外民商事案件与一般民商事案件在诉讼程序方面存在许多差异,涉外民商事诉讼程序与一般民商事诉讼程序的各个阶段都存在原则性和规则性的实质不同。从判决内容最终实现的判决承认与执行角度而言,程序瑕疵构成涉外民商事判决获得承认与执行的阻却事由,而且诉讼程序的不同问题都会在相当程度上影响或制约着涉外民商事判决的真正实现。前文取样的一些案例在某种程度上表明,一些法官对涉外民商事诉讼程序的事项并未完全了然于心,尤其是涉港、澳、台民商事案件的审理,在诉讼程序问题的处理或法律适用依据的阐释说理方面仍存在或多或少的问题。一些判决书未明确阐释应参照涉外民事诉讼程序审理,未清

---

① [美]塞德曼:《法律秩序与社会改革》,中国政法大学出版社1992年版,第10页。

晰阐释法院管辖权的依据，在法律适用方面未充分表述应参照涉外民商事案件的法律选择规则，未对案件涉外因素做出分析解释，而这些问题又恰是甄别涉外民商事案件和裁判文书释法说理的最重要因素。因此，只有审理涉外民商事案件的法官明晰涉外民商事案件的核心问题及法律依据，才能真正实现对涉外民商事案件流程处理的规范化。

二、规范法律适用的逻辑阐释

在阐释应适用的法律依据时，有些涉外民商事案件裁判文书的释法说理不够充分，而其具体表现又各有不同，既存在对不同效力位阶的冲突规范的不规范引用，也存在对某一选法原则的理解偏差，还有对冲突规范中连结点解释及准据法认定的理解歧义，如意思自治适用中关于默示合意选法法律依据阐释的不严谨、最密切联系地确定中仅简单罗列个别要素而未加详尽阐释的不规范，而这些内容正是彰显涉外民商事案件特殊性质之所在。选法过程也是法官心证过程，对选法过程和选法结果的阐释实即法官心证的公开内容。在当今各国司法改革中，心证公开都占据着重要地位，充分的心证公开能够增强裁判文书的说服效力。我国涉外民商事案件的审理法官应充分认识冲突规范的功能，准确援引并正确解释冲突规范，依法确定应予适用的准据法，并在裁判文书中将选法过程予以详细阐释。在适用最密切联系原则解释最密切联系地这一连结点所在地时，涉外民商事案件的审理法官应综合权衡法律关系各种因素的个案表现，使最密切联系地的实际认定足以反映其与法律关系之间的本质关联。当然，这些法律适用释法说理的不规范问题并不能代表我国涉外民商事诉讼的全貌，相反，它们仅仅反映了我国涉外民商事诉讼中部分法律适用释法说理的图景。

三、构建统一的我国涉外民商事法律体系

本研究取样案例所反映的涉外合同纠纷中法律适用的不一致现象，如

《民法通则》《涉外民事关系法律适用法》《合同法》《海商法》及其相关司法解释意见在具体个案中的不同适用情形，以及涉港、澳、台民商事诉讼中出现的对程序审理和法律适用的相关参照规定不够严谨或法理阐释缺乏的现象，都在一定程度上反映了涉外民商事案件的审理法官在法律功能实现中的个别差误，而究其实质，则是我国涉外民商事法律关系的法律规制多重冲突的表层反映。我国涉外民商事不同时期立法之间的时际冲突、不同效力位阶的法律之间的层级冲突、立法文件与司法解释意见之间的冲突等不同层面的规制冲突，则是上述裁判文书法律适用个别差误存在的根本原因所在。我国近来三十多年的涉外民商事立法和司法实践呈现出调整同一法律关系的法律规范于数量上的多个化特点，不同时期制定的民事诉讼程序规范，尤其是涉外民商事诉讼程序规范，以及不同时期制定的冲突规范皆散见于不同的法律文件中。而且，最高人民法院各种司法解释意见和会谈纪要中也存在数量众多的对上述三类法律规范做补充或释义的条款内容。立法本身的冲突、法律与司法解释意见之间的冲突，使得涉外民商事案件的实际审判工作和裁判文书书写变得较为复杂，有关法律适用的阐释说理存在个别差误的确不可避免。因此，统一涉外民商事领域的法律规范，实现涉外民商事法律关系立法的逐渐统一，并在条件成熟时制定我国国际私法法典和区际私法法典，可以在根本上解决涉外民商事裁判文书释法说理中的法律适用问题。

四、强化涉外民商事裁判文书评价体系的释法说理论证

最高人民法院发布了数份民事判决文书书写规范，其中也有针对涉外民商事案件的具体规定。无论从判决文书的结构还是书写格式，这些文件都做出了较为详细的规定。然而，文书书写规范的落实仍然和规范要求之间存在一定的差距，尤其是在一些事项的释法说理部分，即使是裁判文书书写规范也无法做到事无巨细。的确，因个案不同，释法说理的深度和语

言表述也都会因案而异，裁判文书书写规范只能做出原则性的规定，而在具体个案中如何认定释法说理是否充分正当，则需要结合个案情况而定。当然，释法说理具有一些固定的"套路"，然而，"套路"也依然只是一个模式，仅仅套用"套路"恐怕难以充分实现判决文书对个案应有的定分止争功能，以及对整个社会的示范和指引功能，难以取得裁判文书本身应该具有的社会效应。因此，完善涉外民商事案件裁判文书的评价体系，有助于提升裁判文书的释法说理水平，细化涉外民商事裁判文书的书写规范。例如，我们可借助于已经成功运转的指导性案例制度，通过发布释法说理充分、繁简分明、合乎逻辑的涉外民商事指导性案例，明确其援引和示范功能，提升涉外民商事案件判决文书的释法说理深度。

第三章　司法三段论视角下的涉外
　　　　民商事裁判文书释法说理

道理在言说中成形。

——陈嘉映①

---

① 陈嘉映：《说理》，华夏出版社 2011 年版，第 3 页。

"在所有的国家,司法判决都包含着最低限度的内容或要素。衡量最低限度的标准是,一个受过法律训练但不熟悉案情的人能够无须求助书面判决之外的材料而评估判决在法律上的正确性。"① 裁判文书的书写,是法官对审理程序各环节的程序问题、事实问题和法律问题一一厘清并进行推理总结的过程,是法官适用司法三段论进行推理的逻辑思维过程的展现。在裁判文书的书写过程中,案件审理法官以法律职业共同体所共具的法律逻辑和修辞语言,对事实认定、法律适用和裁判结论的得出进行充分的推理论证,以法律语言及能为社会公众所理解的语言,对当事人之间失衡的权利义务天平进行新的配置和平衡。在整个司法审理,尤其是裁判文书的书写过程中,法官以其司法技艺和法律逻辑思维将法律规范本有的价值理念宣之于中。裁判文书所蕴含的法律原则与价值理念,也经由裁判文书的公开制度和既判力,于不知不觉间在当事人和社会公众中予以弘扬,裁判文书也于无形之中参与了社会秩序的调整和重塑。

第一节 司法三段论与涉外民商事裁判的可接受性

一、司法裁判中的事实认定与法律适用

作为社会系统的法律核心是裁判。② 司法裁判无疑又是裁判的重要部分,"法院的职业责任,就是维护社会正义和维护规则秩序,就是通过解决纠纷、宣示法律、修复被纠纷所破坏或因纠纷而模糊的权利义务关系,

---

① 张志铭:《法律解释操作分析》,中国政法大学出版社1999年版,第202页。
② N. Luhmann. *Law as a Social System*. Oxford: Oxford University Press, 2004. 转引自[德]Ralf Poscher《裁判理论的普遍谬误:为法教义学辩护》,隋愿译,载《清华法学》2012年第4期,第102页。

从而维护或形成社会行为规范,促成社会成员在扬善惩恶的规则下和权责明晰的秩序中和谐相处"①。司法裁判文书在相当程度上承担着法院宣示法律、修复社会秩序的功能。司法裁判是法院对当事人争议的认定事实,援引适当法律规范进行裁判,进而得出裁判结论的司法审理结论,是事实认定与法律适用两个步骤的互摄与涵括。互摄与涵括的终端则是依此认定事实并进行法律适用后推导出的裁判结论。较之于审理环节,裁判结论往往更为当事人及社会公众所关注。然而,裁判结论之正确、合理端赖于事实认定与法律适用两个环节的正当合法。因此,如果说司法公正的实现与否及实现程度可以在表面上或直接地通过裁判结论体现出来,则事实认定与法律适用是司法公正实现程度的真正内核。而待审案件中具体法律规范的援用又直接基于对案件事实的认定结果,案件事实的表现和最终的法律认定引导着法官寻找可适用的具体法律规范的方向,决定了可适用的具体法律规范的内容。如此分析,司法公正的最终源头实即事实认定。正如有的学者所言,司法公正的重要标准就是法官认定的事实与原始事实最大限度的接近。②

如何认定案件事实,并进而依此事实认定而适用法律规范,是涉外民商事法官审理案件面对的普遍问题。从认识论角度而言,案件事实是已经被时间固定了或磨损了的既定事实,法官并非案件事实的当事人或亲历者,无法完全重现案件事实真相。依法对案件事实还原与追溯,并在程序规则的范围内最大限度地接近案件事实真相,则是法官适用法律的基本前提。如何认定事实,从而将主张事实规范为法律事实,需要借助于证据规则等各种技术制度设置,而寻找适当、准确的法律适用规范,并正确适用该法律规范,则需要法官对法律规范构成要件的一一分析。法官需要在认

---

① 傅郁林:《回归司法本源 遵从司法特质》,载《法制日报》2011年11月22日第5版。

② 傅郁林:《道德失范时代司法示范功能更重要》,载《法制日报》2014年7月29日第7版。

定的法律事实与意欲适用的法律规范之间进行来回地对照和摄入，以使二者在构成要件上能够相互吻合、相互摄取。通过来回多次的往复寻找、对照、涵摄过程的准确适用，方能保证推导结论的正确无误。涵摄、对照过程的开展，以及结论推导的得出，需要法官的专业思维、职业素养和法律推理能力等各种技术要素的综合运用，并非普通人运用一般的常理思维即能一蹴而就。由于法官意欲适用的法律规范是具有普遍性、抽象性的规范构成，而认定事实是一个具体的、个别的事实构成，裁判结论则是个案化的、具体的法律规范判断，因此，如何将一个具有普遍性的法律规范判断与一个特殊的、具体的事实判断结合起来，并进而推导出适用于个案的具体法律规范判断，这一过程即司法三段论的适用推理过程。换言之，即将具体待审案件中认定的法律事实，涵摄于法律规范的构成要件，从而产生立法者意欲达到的法律效果的推理过程。黄茂荣先生用司法三段论将上述过程表述为："法律事实、构成要件和法律效果在三段论法上的关系为：将法律效果系于构成要件构成大前提，具体的法律事实实际上充分系争构成要件构成小前提，然后由该大前提与小前提导出应该将系争法律效果系于法律事实的结论。"[1]

二、司法三段论推理下的裁判结论

裁判理由乃衡量司法权合理化最重要、最直观的要素，集中体现法官的思维过程和专业技能运用。尽管"有关案件判决理由的构成要素及其范围是什么还完全没有定论"[2]，然而从司法三段论的角度考虑，可以将判决理由视为通过对当事人主张和抗辩的取舍，以及认定的法律事实和法律

---

[1] 黄茂荣：《法学方法与现代民法》，中国政法大学出版社2001年版，第202页。

[2] ［美］博登海默：《法理学——法哲学与法律方法》，邓正来译，中国政法大学出版社1999年版，第546页。

适用依据的结合,进而推导出判决结论的法律推理思维过程的集中展示。

法律适用是纠纷司法解决中最重要的环节,是将事实认定和法律规范连接并推导出裁判结论的过程。对于法律适用,法律界人士存有不同理解。其中,有的学者认为法律适用是"根据法律秩序对具体纠纷得出判决并进行说明。法律适用可以分为四个步骤:认定事实;寻找相关的一个或若干个法律规范;以整个法律秩序为准进行涵摄;宣布法律后果。但是,上述步骤并不是各自独立且严格区分的单个行为,它们之间界限模糊并且可以互相转换"①。一般认为,法律适用即适用法律对认定事实进行裁判的行为。无论采取何种理解,事实与法律之间必须通过一定的推理形式而连接起来。司法三段论正是将事实与规范统一的司法方法,它通过获取适用于个案的法律规范(此即大前提),以及确认在要件构成上合乎该法律规范要求的案件事实(此即小前提),推导出判决结果,是法律职业共同体的专业思维方法。

认定事实和寻找法律规范是涉外民商事司法裁判的两大必经环节。为了将认定事实纳入法律规范的轨道并进而得出合乎逻辑的裁判结论,各种法律推理模式应运而生,而以逻辑三段论为基础的司法三段论则是普遍适用的演绎式法律推理模式。"法律家的思考方式以三段论推理为基础,力图通过缜密的思维把规范与事实、特殊与普遍、过去与未来织补得天衣无缝。它要求对决定进行诸如判决理由那样的正当化处理,以保证言之有理、持之以据、富于说服力。"② 三段论推理"使结论更加客观、更合逻辑、更加合理,从而使结论具有不可抗拒的逻辑力量"③。司法三段论立足于形式逻辑推理,通过将认定的案件事实置于法律规范的构成要件之下,逐一判断认定事实是否符合法律规范的构成要件,以排除法律适用中

---

① [德]伯恩·魏德士:《法理学》,丁晓春、吴越译,法律出版社2005年版,第289页。
② 季卫东:《法治秩序的构建》,中国政法大学出版社1999年版,第200页。
③ 陈金钊、谢晖:《法律方法》(第3卷),山东人民出版社2004年版,第26页。

法官个体因素对裁判结论的影响，实现法律适用的客观化。司法三段论适用于裁判过程，目的在解决纷争，以求得正确的、最佳的个案裁判结果。因此，在以公正、社会公共利益等诸多价值普覆的法律领域，除了遵循形式推理模式下逻辑三段论对形式有效性下的推理结果的追求之外，司法三段论同时也注重实质有效性，注重实质推理结果，追求裁判结果的形式合理性和实质合理性的融合。即运用司法三段论得出的裁判结论，不仅具有形式上的逻辑严密性和一致性，而且具有实质上的可接受性。

司法三段论以逻辑推理为基本构成要素，它以其自身特有的明晰规则和形式化推理，从容地勾连起法律规则和认定事实，并在其间搭建一种无可反驳的、投入原料即自动生成产品的推理关联的桥梁，裁判结论非法官个人认知的个体化结果，而是在形式推理之既定轨道上经由严密推理和充足论证而进行逻辑推演的必然结果。"推理从既定的规则出发，就使法律有了可操作性，从而使模糊的关于什么是'正义'转变为具体的没有太大争议的问题。"[①] 司法者个体的随意性被减少至最低限度，裁判结论具有了相当程度的可预测性、确定性，从而实现了法律治理所欲彰显的秩序要求。然而，以形式逻辑存在的司法三段论推理过程在确保裁判结论确定性、实现形式正义的同时，也因其形式逻辑的推理局限，导致对司法裁判中无可回避的价值判断的明显忽视。而事实上，法官做出裁决的过程极为复杂，需要运用多种方法和价值来衡量。[②]

三、涉外民商事诉讼程序中司法三段论之特殊性

较之于国内民商事诉讼程序，除了个别程序制度的细微区别外，在程序价值赋予和制度功能实现方面，涉外民商事诉讼程序与国内民商事诉讼

[①] 解兴权：《通向正义之路》，中国政法大学出版社2000年版，第102页。
[②] [美]本杰明·卡多佐：《法律的成长·法律科学的悖论》，董炯、彭冰译，中国法制出版社2002年版，第37页。

程序并无特别差异，诉讼当事人程序性权利的设置和实现均依随当事人意志而展开和推进。不过，当认定事实需要援用法律规范时，涉外民商事诉讼程序在法律规范的择取上更为复杂，历来就有不同的法律选择方法和法律适用理论对涉外民商事案件的法律适用提出了不同主张。尽管如此，涉外民商事案件的适用法律一旦择定，则将法院之前认定的事实援之于所择定的应适用的法律规范中并推导出裁判结论的这一过程，并无异于国内民商事诉讼程序的法律适用过程。换言之，如果排除大前提确定过程中法律方法理论、可能适用的法律规范的范围和性质这两个特殊性问题之外，司法三段论的演绎推理方法在涉外民商事诉讼程序中的应用与在国内民商事诉讼程序中的应用并不存在太大差异。涉外民商事诉讼程序仍需对案件事实进行认定，并将作为小前提的认定事实援用于寻找到的作为大前提的法律规范之中，从而推导出裁判结论。由于司法三段论中作为大前提的法律规范是具有普适性、一般性和抽象的规范性表述，而作为小前提的认定事实则是具体的、特殊的、个别化的事实性描述，作为推论结果的裁判结论也表现为个别性、个案性的规范化表述。欲实现裁判结论的正当合理及可接受性，必然需要对大、小前提做出正确确定。

目前，涉外民商事裁判文书结构表现出以首部、诉辩称、法院认为（判决理由及主文）、尾部几个要素罗列的形式，"以'原告诉称'和'被告辩称'的形式就无法反映证明法律事实的动态过程。当事人之间的举证责任分配、举证责任倒置，特别是举证责任在双方当事人之间的不断转移从而使事实层层显现，格式化的文书中无法为整个过程设置适当的空间和陈述方式"①。

---

① 傅郁林：《民事裁判文书的功能与风格》，载《中国社会科学》2000年第4期，第127页。

第二节　涉外民商事裁判中小前提的确定与说理

三段论适用中，大前提的寻找和小前提的认定判断皆由法官决断，由于"价值判断既不能够单纯通过经验的确认（自然主义），也不能够通过任何一种自证（直觉主义）来加以证立"①，所以，涉外民商事案件审理法官必须对其判断的正当性进行说明阐释，通过理性论辩来检验和证立该正当性。三段论推理对法律适用的整齐划一、同案同判有充足的保障，它经由诉讼开展、证据认定规则等诉讼程序制度的作用，认定案件事实作为小前提，依据认定的案件事实找寻、检索与其最相契合的法律依据作为大前提，并不断地在事实与法律依据之间"往返流转"，最终将法律真实的案件事实涵摄于法律依据的大前提下。在事实认定、检索法律依据以及实现认定事实与法律依据之间相互勾连的每一个环节和步骤中，同样不可或缺的是法官对每个步骤中决定理由的清晰、正确阐释。

一、事实认定与说理

确定作为小前提的案件事实包括对证据的评价及认定和对案件事实的还原与建构。证据评价与认定的过程主要包括对证据材料的证据能力、证明力及其大小的认定判断，此外，也包括对辅助事实的认定判断。案件事实的还原与建构以经确定具有证据能力的证据资料为基础。诉讼程序中当事人之间"诉请—抗辩—再抗辩"的层层进展的攻击与防御中的争议内容，法官依职权查取的具有证据能力和证明力的证据资料，均需法官将之

---

① ［德］罗伯特·阿列克西：《法律论证理论》，舒国滢译，中国法制出版社2002年版，第195页。

条分缕析，一一将事实因素归入其位。裁判文书应先书写证据资料具有证据能力，其次对具有证据能力的证据的证明力大小做出判断，并依证明力大小的次序进行排列。

　　以作为大前提的法律规范的构成要件为标准，法官对证据进行重新排列组合，还原、建构案件事实。在这一过程中，法官以推定形式建立起证据之间的逻辑关联和前后次序，并将之按照事件发展的时间序列进行梳理，整理出环环相扣、严丝密合的证据链条，从而形成初步的案件事实。根据民事诉讼证明标准，结合当事人证明责任的分配和承担以及各自证明责任的完成与否，初步形成的案件事实最终形成法律上的案件事实。其中，证据和事实认定的缘由必须在裁判文书中加以阐释，法官应将其对所有证据所形成的内心确信和法律上的见解，向当事人和利害关系人说明，以便他们知悉和理解。作为判决基础的裁判事实既要与客观事实（生活事实、案件事实）相竞合，也须与规范事实相竞合；前者反映的是裁判事实之真伪问题，后者反映的则是裁判事实是否正当、是否合法的问题；前者属于实然领域，后者则属于应然领域；前者仅为事实判断，后者则关涉价值判断。

　　司法三段论的小前提是法官对当事人提交的证据进行认定而确定形成的，认定事实是法律规范正确适用的前提条件。案件事实经过多次映射才成为法官认定的法律事实。"在任何诉讼中，法官的任务均是如何将客观的法律适用于具体的案件。客观的法律作为人们彼此之间外在联系的制度，将其规范与外在的假定已经发生的事件相联系。也就是说，法律以一个假定的在其规范中抽象表达的要件为出发点，但是，只有当此等抽象要件变成了具体的事实之后，易言之，只有当法秩序规定的作为其法律命令的前提条件的外在事件已经发生后，与此相关的命令才可能被执行。是否考虑一法律命令已执行了，以及是否产生了一法律效果——不管该效果何时发生，针对谁发生——的问题，均必须根据被法律规定为前提条件的事实情况的存在或不存在来决定。"[①] 对冲突、对立的真实的取舍是事实认

[①] [德]莱奥·罗森贝克：《证明责任论》，庄敬华译，中国法制出版社2002年版，第11页。

定始终的任务，真实意味着程序层面的真实而非实际层面的事实真相——"在具体操作上，法律家与其说是追求绝对的真实，毋宁说是根据由符合程序要件的当事人的主张和举证而'重构的事实'做出决断"①。法官必须通过对证据及其真实性、合法性、关联性以及证明力大小等因素的判断来间接认定案件事实，最大可能地缩小客观事实与法律事实之间的距离，最大限度地还原案件客观真实。

对案件事实的认定需要通过诉讼证明、自认、司法认知、推定等不同的证明方法来达成。在事实认定中，当事人对于自己主张的事实，应提供证据进行证明，即主张责任。当事人证明的对象为当事人主张的要件事实，即主要表现为引起民事法律关系发生、变更和消灭的事实以及民事纠纷事实，只有对要件事实的存在予以证明，才能将要件事实涵摄于法律规范中。要件事实的证明又与举证责任、举证时限等事项密切相关。在涉外民商事诉讼程序中，法院以当事人是否具有适格性为由而允许或排除一部分程序参加者，以与本案是否具有关联性为由而采信或涤除一部分证明资料，以是否具备合理性为由而选择或放弃一部分解决方案，在程序场域内通过层层有序的证伪存真过程使结果尽量接近正义。②

为了竭尽证明资源及证明方法，促使当事人一次性出示所有证据，防止造成证据突袭现象，节约司法资源，平衡诉讼双方当事人之间的诉讼能力缺陷，维护武器平等原则，在要件事实的证明中，法官需要在举证方法、举证证明的形式以及可能存在的证据来源等方面向当事人进行阐释，就证据的调取进行说明，促使当事人穷尽各种可以使用的证明方法。尤其重要的是，当事人依据法官就上述问题的解释，提供各种证据证明自己主张，法官依据当事人提供的各种证据，做出证据是否属于新证据、是否超

---

① 季卫东：《法律职业的定位——日本改造权力结构的实践》，载《中国社会科学》1994年第2期，第67页。

② [比]凯姆·佩雷尔曼：《法律家的逻辑——新修辞学》，日译本，东京木铎社1986年版，第19页。转引自季卫东《法律职业的定位——日本改造权力结构的实践》，载《中国社会科学》1994年第2期，第66~67页。

出举证期限、是否有证明力以及证明力大小的认定，并依此进而进行初步认定证据。法官认定证据结论是如何推理得出的，对于当事人权利与义务的判定至关重要。当事人可以根据法官的初步认定结果再行补充证据，尽可能地获取证据资源，有时甚至可以用这些证据直接扭转事实认定的结果。在事实认定中，由于诉讼能力的实际差异、非强制律师代理制度等各种内外部条件的影响，在权利行使和权利实现过程中，当事人之间难免存在实质上的不平等，导致作为民事诉讼程序基本原则的武器平等原则难以发挥作用。而法官是具有专业技能和中立者身份的诉讼参与人，应以其专业知识向当事人解释说明，随时校正可能失衡的当事人之间的权利义务天平，以便当事人可以及时补充诉讼资料。于法官而言，此解释说明即法官对当事人行使阐明权，向当事人进行阐释说明是法官的职责。心证过程及心证结论的阐明在裁判文书写作中至为重要。

二、心证公开与说理

心证，依邱联恭先生所述："狭义言之，系指法官在事实认定时所得确信之程度、状况；广义言之，系指法官就系争事件所得或所形成之印象、认识、判断或评价。此种意义的心证，依民事审判所具下述特征观之，系可能包含法官的法律上见解在内，而非仅指将其法律上认识、判断或评价予以完全除外者。"而心证公开"系指法官将其在诉讼审理中（自其研阅起诉状之时起）所形成上诉意义的心证，于法庭上或程序进行中，向当事人或利害关系人开示、披沥，使其有所知悉、认识或理解一事。而可能包含法律上见解之表明在内"[①]。简而言之，心证公开是指法官在审判中以专业技能享有者的身份向诉讼参与者公开其内心确信的认识形成过

---

① 邱联恭：《心证公开论——着重于阐述心证公开之目的与方法》，见民事诉讼法研究基金会编《民事诉讼法之研究》（第七辑），三民书局1998年版，第207～209页。

程,具体包括对证据的认定、对案件事实的认定以及就事实问题适用某法律观点的认识过程,旨在使参与者知悉、理解法官上述观点的内容及其形成原因,"使当事人在言辞辩论终结前,充分认识、预测法院有关发现真实之心证形成活动,尽充分攻击防御或陈述必要意见之能事"①。

　　心证公开旨在于"让当事人有机会衡量到底要优先追求系争的实体利益,还是要优先追求程序利益。以使这两种利益的追求能达到一定的平衡点,在这个平衡点上去找出本案判决所要依据的'法'是什么。这个时候的'法'可能切合于客观的实体法,也可能因为要避免劳力、时间或费用的付出,亦即可能由于要追求程序利益,所以作某种程度的放弃或者缓和对客观真实的追求,而不去追求百分之百的客观上真实"②。"经由心证开示程序之践行,当事人实被赋予选择优先追求实体利益与优先追求程序利益之机会,此即保障其有平衡追求该两种利益之机会。此项机会之赋予,实即保障当事人得有相当机会参与形成本案判决之内容,而协同寻求、发现'法'之所在。经由此过程所寻得的'法',虽非必恒完全一致于以客观真实为基础的实体法,却属较具有可期待,要求当事人予以信守、信服、接纳之法理基础。因为,践行此种'法'的协同寻求、发现程序,较诸一味以发现客观真实(片面偏向实现实体利益)为目的之审判程序,更能充分赋予辩论之机会,而不随伴发生突袭。要之,心证公开应该且可能成为法官与当事人协同探寻'法'所在之手段,有助于贯彻程序选择权之法理。"③ 心证公开制度能够保障当事人的"程序主体权及源于此之听审请求权、证据提出权、证明权、辩论权、公正程序请求权等程序法上的基

---

　　① 邱联恭:《程序制度机能论》,三民书局1996年版,第5页。
　　② 邱联恭:《心证公开论——着重于阐述心证公开之目的与方法》,见民事诉讼法研究基金会编《民事诉讼法之研究》(第七辑),三民书局1998年版,第197～198页。
　　③ 邱联恭:《心证公开论——着重于阐述心证公开之目的与方法》,见民事诉讼法研究基金会编《民事诉讼法之研究》(第七辑),三民书局1998年版,第222～223页。

本权。亦即，为充分保障此等程序权，平衡兼顾实体利益与程序利益，以确立当事人之程序主体地位，防止发生突袭性裁判，应要求法院于本案审理中适时开示心证"①。

涉外民商事裁判文书并非法院以书面形式向当事人和社会公众告知裁判结果的单方行为，事实上，涉外民商事裁判文书是整个审判过程的精当概括和系统体现，是作为法律职业共同体之一的法官逻辑思维和专业素养的凝练概括，是法官心证历程和心证公开的文字载体，是法官内心确信形成的基本表达。法官将其在证据采信与否认识形成中的逻辑分析以及价值取向通过裁判文书形式公开，于法官个人而言，是直接展示其审理判断的整个心证形成过程；而于诉讼当事人及其他诉讼参与人而言，则是了知自己及对方主张以及诉讼资料之间的数量和质量的博弈规则，心甘情愿接受法官确信结论，对认定结果心服口服的过程；于社会公众而言，则是管窥法律职业共同体共有的法律逻辑思维，在具体个案中学习法律原理、体认法律价值、享有高品质的及免费的普法大餐的过程。无论从何种层面而言，法官心证公开将法官从威仪严整的法袍后解脱出来，褪去裁判者的神秘面纱，走向诉讼当事人和社会公众，以或专业或通俗的语言诠释抽象的法律原则和法律规则，让法律真正成为活的、生动有形的、有质感的、可触的生活场景。

当然，"充分、合理的心证公开，既需要法官具备必要的法律知识、思维及判断，充分听取各方辩论内容并形成内心确认，还需要充分回应当事人观点，展示证据采信和逻辑推演过程"②。涉外民商事裁判文书书写中的心证公开，随着裁判文书公开制度的实行已然有了较大的改观。从裁判文书中展现的实即心证公开的结果而已，然而，司法审理过程中的心证

---

① 邱联恭：《心证公开论——着重于阐述心证公开之目的与方法》，见民事诉讼法研究基金会编《民事诉讼法之研究》（第七辑），三民书局1998年版，第225页。
② 王飞、范丹杰：《裁判文书说理中法官心证如何充分公开——评SM公司诉鹿晗等著作权侵权纠纷案》，载《中国知识产权报》2017年7月19日第9版。

公开还包含庭审中总结案件争点、举证责任分配及告知、依据证据规则认定事实的理由等。

按照诉讼程序的开展次序，法官应针对当事人提出的诉请及抗辩主张，总结案件争点，并就争点辩论质证中各方观点的采纳与否、主张的支持与否进行充分说明。法官应将当事人之间举证、质证、认证的整个过程进行完整展示，特别是对有关证明责任如何分配、证据是否予以采信的法律原理以及依据已认定证据如何形成内心确信的思路做以充分说明。法官应就其如何听取双方意见并对各方意见如何回应逐一说明。涉外民商事裁判文书应展现当事人各自的事证主张，并以精当准确的语言一一回应当事人的事证主张。裁判文书书写应体现出当事人事证主张与法院裁判范围之间的一致性，应体现法院裁判范围是否受当事人主张的约束，在判决文书的卷宗记载中，实现事实争点的确定与当事人诉辩主张、证据主张之间的一致。对于认定事实所援用的法律规范应书写完整其来源与名称，并且辅以适当的文字、合乎逻辑的推理，对该法律规范得以适用于待审案件认定事实的理由加以充分的阐释和论证。在判决结果的论证书写中，法官应对事实认定和法律适用都进行充分的阐释说明，对推导裁判结果的逻辑顺序进行层层推理，实现论证体系的严密连贯。

第三节　涉外民商事裁判中大前提的确定与说理

事实认定之后的法律适用直接影响当事人实体权利义务的确定。法律适用是对此前展现的认定事实的回应。涉外民商事裁判文书应立足于事实认定的基础，对认定事实做出符合涉外民商事法律适用原理的法律选择，包括法律选择结果之展现及对该选择结果的原理方法进行阐释和回应，对具体的法律选择理论应用之缘由以及连接点的认定和解释、外国法查明的途径以及不能查明之结果的阐释等诸多法律选择问题进行展现与回应。法官应以案件事实以及回应该认定事实的法律规范为推理基础，运用司法三段论推理，得出正当合法的判决结论。司法三段论于涉外民商事诉讼的适用推理，可以整体性地、全面地回应案件事实与法律规范，实现判决主文对涉外民商事诉讼中展示的当事人诉辩主张、证据、事实争点、诉讼主张、基础规范、法律选择方法、准据法等诸多事实问题与法律问题、程序问题与实体问题的一一判断及充分回应。

一、法律规范的寻找与发现

司法审理过程中的"第一个追问应当是法官从哪里找到体现在他的判决中的法律？这些渊源有时候很明显，有时会有需要填补的空白，有时也会有需要澄清的疑问和含混，还会有需要淡化的难点和错误"①。寻找适用的法律也称找法或法律适用。

在国内民事诉讼程序中，当事实争点确定并认定事实之后，随之而来的便是法律适用问题，即选择合适、准确的法律规范并确定其内容，将该法律规范与认定事实进行涵摄和反复对照。在选择适用的法律规范时，法官应向当事人阐明具体法律规范适用于认定事实的缘由，并在当事人对法律适用存有疑问时，以专业视角对当事人进行解释，与当事人之间就法律适用问题进行交流讨论。此阐释交流即法律适用的"答疑解惑"，答疑解惑的目的在于形成法官与当事人之间对法律适用的充分一致认识，包括适用具体法律规范之缘由、法律规范之内容及其理解等，从而在法官与当事人之间形成法律适用的"共识"，并依此法律适用之"共识"涵摄事实认定之"共识"，裁判结论即此二"共识"涵摄之必然结果。由于在事实认定和法律适用两个环节中，当事人享有充分的辩论机会和表达自由，当事人的程序主体权利在其充分参与和意见表达中得到了实现，大前提与小前

---

① ［美］本杰明·卡多佐：《司法过程的性质》，苏力译，商务印书馆1998年版，第4页。

提之间的逻辑一致性决定了裁判结论符合作为大前提的法律规范意旨的必然性，则据此做出的裁判结论无疑能够获得当事人最大限度的膺服与认同。

找寻适用于认定事实的法律规范，要求法官对待审涉外民商事案件的法律依据进行检索与确定。检索案件事实适用的法律依据，即寻找待审案件的大前提。待审案件何以适用此法而非彼法、何以适用此法中的此条此款而非彼条彼款，法官找寻并最终锁定适用的法律规范的思维推理过程，这些内容皆需要在裁判文书中进行阐释。

涉外民商事诉讼的受案法官对案件性质予以认定之后，需要整理事实争点并组织当事人举证、辩论，法院依此认定争议事实；随即法院即进入"找法""适法""用法"的思维进程，基于认定事实而"找法"——找寻适当的法律规范以涵摄认定事实——并据此做出判决结论。涉外民商事诉讼程序法律适用之特殊性在于，涉外民商事案件的"找法"首先需要在实体法方法与冲突法方法之间进行选择，其次才是具体的冲突规范或实体规范在诉争案件中的适用。如果法官认为诉争案件应以冲突法解决，则法官在选择了具体的冲突规范后，仍需依据冲突规范中连接点的指引找寻具体的准据法，并以找到的具有实体法性质的准据法界分当事人之间的实体权利义务。实体法既可以为强制适用的法，也可以为统一实体私法条约或国际商事惯例。相对于冲突法解决方法而言，实体法方法的法律适用步骤较为简单，可以较为明确地判定当事人之间的实体权利义务。然而，即便是实体法方法适用于诉争案件，较之于国内民事诉讼程序的法律适用，涉外民商事案件可能适用的实体法的范围也相对广泛，既包括内国实体私法，也包括国际统一实体私法条约，更遑论以冲突法方法选择法律适用的具体环节和"找法"过程。如果受案法官在诉争案件的实体法解决方法或冲突法解决方法之间已然走入歧路，即便后续的冲突规范适用或实体规范适用于诉争案件之结果或然正确，也因法律适用方法之前提性错误而导致这一结果或然正确的正当性缺失，从而致使诉争案件的法律适用存在错误。由此可见，就法律适用的过程和结果而言，涉外民商事诉讼的确与一般国内民事诉讼存在很大的差异。较之于国内民事诉讼程序，涉外民商事诉讼程序中法官的法律适用阐明显得尤为重要，基于"自己已经被给予了充分的机会表达自己的观点和提出证据，并且相信是公正无私的法官进行了慎重的审理，所以对结果的不满也就失去了客观的依据而只能接受"[①]。经由充分阐明、质证、辩论之认定事实及充分沟通、法律适用阐明等环节，法院进行推理之后所做的裁判结论方能获得诉讼当事人对裁判的接受，裁判结论也才能获得法律共同体及社会公众的认可，在判决承认与执行中，也能得到外国（域）法院更大程度的承认与执行，当事人对涉外民商事诉讼公正裁处实体权利义务之期冀也可望得到最终实现。

在现代法学方法论中，构建待决案件的大前提首先需要法律发现[②]，大前提的寻找和确定也称之为找法活动，即为案件事实寻找适当的逻辑大前提。"找法活动的结果，通常有三种可能情形：其一，有可供适用的法律规范；其二，没有可供适用的法律规范，即存在法律漏洞；其三，法律虽有规定，却因过于抽象而无法直接予以援用，故还须加以具体化。若出现第一种情形，即应对可供适用的法律规范进行狭义的法律解释，以明确其意义、内容，区分其构成要件及其法律效果之后，方可直接援用；若出现第二种情形，则应对所存在之法律漏洞进行漏洞补充，以获得可适用之具体法律规范方可援用；若出现第三种情形，则应对其加以具体化之后方可获得供援用之法律规范。"[③] 就上述三种可能，现代法学方法论提供了三种针对性的解决方法，即狭义上的法律解释方法、漏洞补充方法及出现不确定概念时的价值补充方法。

"法律规范的适用通常属于逻辑上的三段论法的应用，也就是法律上

---

① ［日］谷口安平：《程序的正义与诉讼》，王亚新、刘荣军译，中国政法大学出版社 2002 年版，第 10 页。

② 学界对"法律发现"一词赋予了四种不同理解，参见郑永流《法律判决形成的模式——在事实与规范之间顾盼》，见戚渊等著《法律论证与法学方法》，山东人民出版社 2005 年版，第 200～202 页。

③ 梁慧星：《民法解释学》，中国政法大学出版社 1995 年版，第 192 页。

的一般规定是大前提,而将具体的案件事实通过涵摄过程,使其归属于法律构成要件之下,形成小前提,然后通过三段论的推导出规范系争法律事实的法律效果。"① 司法三段论的大前提以当事人的诉讼请求和事实理由为基础,法官只能在当事人主张的范围内选择法律规范,不能超越当事人诉讼请求和主张的事项范围。当事人因其自身诉讼能力的缺漏,存在诉讼请求、权力基础和事实理由等主张声请和事由上的不明确、不充分或相互矛盾时,为践行诉讼武器平等原则、充分保障诉讼当事人的程序参与权、实现当事人的诉讼主体地位,法官应依职权就当事人的诉讼请求和事实理由进行阐释,告知当事人因诉请和事实理由等资料准备的不明确、不充分或相互矛盾而可能产生的法律后果,告知该法律后果对当事人自身权利实现的影响,听由当事人自主决定如何行为。

二、认定事实与法律规范的涵摄

在诉讼程序中,法官面对的对象事实是动态的、具有不明确性的事实关系②,而适用的法律规范却天然具有规范表述的抽象性与普遍适用性,因此,在法律规范与其规范的生活事实之间存在着天然的矛盾与张力,这是法律规范所追求的效力稳定性与具体生活事实表现的动态化、变动化之间的冲突。如何实现法律规范与案件事实的匹配与对接,需要借助于涵摄这一司法技艺。

在通常意义上,涵摄即将案件事实的小前提归入大前提的构成要件中而形成案件事实与法律构成要件之间一一对应的匹配过程。涵摄并非简单地将事实涵摄于法律条文,而是将认定事实涵摄于法官自己构建的裁判规范中。欲实现认定事实与法律规范二者之间的完美匹配和无缝对接,首先需要法官以法律依据为轴,逐一对照案件事实要素来解析法律依据的构成

---

① 吴庆宝:《法律判断与裁判方法》,法律出版社2009年版,第105页。
② 邱联恭:《口述民事诉讼法讲义》,元照出版有限公司2012年版,第16页。

要件，在法律依据的构成要件与案件事实要素之间来回穿梭、一一对照。在来回穿梭的过程中，逐渐减缩、弥合案件事实与法律依据之间的逻辑落差和匹配跨度。最终，不仅是法律职业共同体，即使是行外人，也可以凭借情感认知和经验阅历而衡量事实与法律二者之间涵摄关系的存在与否。至此，经过法官对法律依据要件的解构分析、对法律依据要件与案件事实要素二者之间的逐一对照、对该对照的阐释过程，法律依据的抽象性、原则性、规则性细化在法官的论证推理中，最终形成了严谨缜密的判断效果，即裁判结论。

涵摄过程中的归类或归入是对已确认事实中具有法律意义的部分予以法律评价，透过纷繁复杂的、零碎的事实表象去概括、抽象其条理化、类型化特征，从而建立起该抽象化、类型化的事实与大前提中构成要件的可比拟性，并借助于相关法律概念的内涵，使已确认的案件事实归入大前提的法律构成要件中，归入该法律概念的适用范围。确定小前提是以证据规则认定案件事实，并对其进行司法归类或归入活动。案件事实确定后，已确认的案件事实仅是最接近于客观真实的法律真实，而涵摄于大前提之下的小前提所指的则是规范事实，只有将法律真实转化为规范事实，小前提才能与大前提建立关联，并被大前提涵摄而得出裁判结论。将法律真实转化为规范事实，则须以一定形式表明，案件事实的法律真实属于大前提的适用范围。

司法归入与匹配过程并非如行外人想象的那么简单，相反，它极其考验法官的论证解析能力。案件事实是一种客观存在，即便是受证据规则所规范的法律真实仍然主要是一种客观状态的展现，而作为法律依据的法律规范本身却属于与客观存在相对的评价范畴。法律规范更多地融入了价值判断因素，事实与法律分属不同范畴的特点使得二者无论在表述的语言风范还是在表达的结构方式等方面均存在种种不同。所以，在涵摄过程中，法官对事实与法律二者的着力点几乎是相反的。在案件事实方面，法官需要从数量庞大的、错综复杂的、相互矛盾的事实要素中归类、提炼、排序，将繁复的事实要素以严谨简洁的法律语言勾勒出来，以证据规则和诉讼程序裁剪社会生活事实，并将其规范升华为法律依据的构成要件所要求的要素形式，于事实的繁复表象中实现事实的要件化、规则化、规范化，对事实的客观表现做出价值评判，这一过程即由多至少的缩减和总结归纳过程。在法律依据方面，法官则需对文字简练的法律规范做出多于该法律规范字数数倍乃至数十倍甚至更多篇幅的分解和阐释。法官将该法律规范解析为数个富有逻辑性的、缺一不可的必要要件，于抽象中实现法律的要素化、具体化、易摄入化，对价值判断进行客观化的事实要素解读，这一过程即由少至多的扩展和阐释发挥过程。"法律原则的模糊性意味着在法律运作中对人的因素的引入，法由此被看作是需由解释者补充完成的未完成作品，是必须由人操作的机器而不是自行运转不息的永动机，法律的外延由此成为开放性的。法官可根据社会生活发展的需要，通过解释基本原则，把经济、政治、哲学方面的新要求补充到法律中去，以使法律追随时代的发展而与时俱进，实现法律的灵活价值。"①

上述由少而多、由多而少的过程皆服务于案件事实与法律依据之间的一一对应和匹配，法官通过对必要要件的对应归入，而省却了法律职业共同体惯用的更进一步的逻辑推理，即将案件事实代入法律依据之中，从而实现案件事实与法律依据之间的涵摄。其间，事实与法律之间的相互推移和相互靠拢可谓关键之至，也正是法官笔墨所着之处的重中之重。"三段论的大前提和小前提往往不表现为既定的因素，而是需要人们去认真探索、发现的。在探索的过程中，法学家们从事实出发来寻找恰当的规则，然后又回到案件的具体情况中来检验是否一致，在这有时费时颇久的往返运动中，法学家逐步深化了对大前提和小前提的分析，但不能迷失他最终应证明的一致性。"② 司法三段论推理旨在求得确定的判决，既包括裁决

---

① 徐国栋：《民法基本原则解释——成文法局限性之克服》，中国政法大学出版社1992年版，第357页。
② ［法］雅克·盖斯旦：《法国民法总论》，陈鹏、张丽娟、石佳友等译，法律出版社2004年版，第39页。

结论的确定性，也包括裁决结论的正确性、正当性。认定事实与法律规范之间的往复、准确涵摄是实现裁判结论正确性、正当性的关键所在。

生活中不同个体重复发生的类似行为经立法者以概括性、抽象性的语言规范化为普遍意义的一般法律规范。在这一过程中，立法者将动态的生活行为静态化为法律规范，而法律源自生活又还原于生活的实质则意味着法律必须通过个案而实现，即通过司法活动，将静态的一般法律规范作用于个案而恢复法律规范的个性化特征，从而满足当事人的特定需求。这种源自于生活又服务于生活的双向互动过程即法的运动规律，前者强调法的社会效益，后者则有助于实现法的个案公平。社会效益与个案公平分别呈现出立法阶段与司法阶段的不同价值导向，而且成文法天然具有不可避免的模糊性、不周延性、不合目的性、滞后性、局限性等特征，必然造成司法实践中当事人的个案公正追求与社会整体效益之间的落差和错位。因此，法官在选择、援引进行法律推理的大前提时，势必需要对作为裁判规范的大前提进行构建，构建法律规范与案件事实耦合的过程。

涉外民商事案件的法律选择方法直接指导并决定着法律选择过程的正当性和自洽性。涉外民商事案件的法律选择是法律选择方法集中作用的过程，涉外民商事案件法律选择的实体法方法、冲突法方法，以及实体法方法中法官选法的利益考量，冲突法方法中主观论和客观论、整体论和分割论等法律选择方法都在起着各自的作用。实体法性质的国际条约、国际商事惯例、冲突规范、内国实体法或外国实体法的最终适用，皆源自法律选择过程的充分完备，源自法律适用方法的逻辑自洽和准确适用。法律选择过程是否遵循了涉外民商事案件法律适用的一般原理、是否依据法律选择方法和法律适用理论、是否在正确识别的基础上进行了正确的法律选择、是否对先决问题的法律适用另行判断、对不同类法律关系的法律适用分别选择等问题，都影响着法律选择过程的正当、自洽。

然而，在现实的涉外民商事裁判中，有些案件中的法律选择依据存在任意性，部分涉外民商事裁判文书对适用法律规范的选择理由说明不足，或者对选择过程的表述模糊含混。有些裁判文书对裁判说理重中之重的法律适用阐释似乎形成了一个通用的模式,即先列举出法律依据的规范构成要件,其次简单阐述案件事实与法律规范构成要件的要素完全吻合,如此,数语之间即完成了法律依据对案件事实的涵摄,并据此推导出法律规范所意欲达成的法律效果。这短短数言看似合理必然,实则几乎固化为"因为……所以"式的涵摄模式,即因为法律依据如此规定,案件事实有如此规定之构成内容,所以得出裁判结论的必然法律后果。这一涵摄过程和涵摄的法律效果在形式上均合乎三段论之逻辑推理,然而,实质上却因缺乏涵摄环节的阐释说明而使得涵摄结论的法律效果本应具有的说服力、权威性大打折扣。

三、法律规则的创制

在司法三段论中,大前提是案件事实援用的法律规范,法律规范具有普遍适用的特点而表现出抽象性。法律规范要件构成中行为模式和法律后果的不一致或残缺,将会使得认定案件事实无法精当准确地嵌入这些应适用的法律规范的要件构成中。"抽象普遍性的制定法与具体个别的个案,并不是处于同一的概念层次——制定法是应然的层次,而个案则是实然的层次——为了使二者能够互相包摄,二者尤其需要予以等同('等同原则'):制定法经由阐释而成为一项构成要件,而个案则经由构思而成为一个案例事实。"[①] 欲实现认定事实与应适用法律规范之间的精确衔接与嵌入,法官必须借助法律解释和利益衡量等因素,将应适用的法律规范进行模式转换,使之合乎行为模式和法律后果的构成方式并适合于待决案件。即法官从应适用法律规范中重构出裁判规范,重新组合出一个单一的法律规范,该法律规范具有完全法律规范的直接适用性和逻辑结构,兼有行为模式和法律后果,而非笼统的、不够明晰的法律原则、法典条文或其他法

---

① [德]阿图尔·考夫曼:《法律哲学》,刘幸义等译,法律出版社2003年版,第216页。

律规范形式。

　　确定待决案件适用的法律规范即法律发现，而事实上，法官找到用于待决案件的法律规范往往有多个，这可能因法出多门或效力、位阶的不同而导致法律内容或重叠或冲突。在涉外民商事纠纷解决中，更常出现适用于待决案件的法律同时既有国际条约或国际惯例，也有内国法或外国法的情形。因此，在诸多应适用的法律规范之间应如何适用以共同解决待决案件，需要法官从中提炼浓缩出严谨完整的裁判规则。这不仅便于诉讼当事人理解裁判理由、接受裁判结论，也便于法律职业共同体之间的互相探讨和技艺切磋。如若该案成为公报案例或指导性案例，则该裁判规则更是对以后同类案件具有普适的参照适用效力。因而，法律发现实质是指发现与待决案件事实存在内在逻辑联系的裁判规则，包括法官自何处找寻适合于待决案件的裁判规则和以何种方法找到裁判规则两个方面。

　　一般而言，法官通过检索现行有效的制定法来找寻用于待决案件的裁判规则。制定法中往往蕴含着裁判规则，但裁判规则并不局限于制定法条文之中，在立法存在疏漏或需要进行利益权衡等情形下，裁判规则也可从法律原则中获取。由于事实上具体个案发生表现情形的千差万别，以及与制定法本身的抽象与概括之间存在的天然落差，法官在处理有的个案纠纷时，无法直接在法律条文中找到现成明晰的裁判规则。法官必须借助充分的、合乎逻辑的法律推理及法律论证，将个别化的事实现象归纳抽象为具有共性特征的普遍现象，法官通过对事实现象进行规则提炼，完成了由个别到一般的认知推理。在这一过程中，法官必须通过寻找、整理、统筹数个不同法律规范，方能最终确立待决案件适用的裁判规则。这一过程是法律职业共同体逻辑思维的重要体现，呈现法律的技术特质和专业性质。

　　法官适用法律做出判决，并非制定法的精确复写①，而是将一般法律规范转化为裁判规则的创造过程，是法官对原则化的法律规范进行裁判规

---

① ［德］阿图尔·考夫曼：《法律哲学》，刘幸义等译，法律出版社2010年版，第72页。

则细则化的过程。"法官造法实质上就是为当前案件创制一条裁判规则，并不意味着法官不仅在狭义的范围内考虑裁判规则如何创立。如果不对法律进行体系化的考察，甚至超载法律的原则、理念进行思考，法官就难为本案创制一条适宜的裁判规则。因此，法官造法的范围应扩展到整个法秩序范围内，但法官应在整个法秩序内考察他所要创制的裁判规则是如何地得以支持。至于法官在裁判中所形成的用于支持裁判规则的原则或法理念，我们毋宁说它们是被发现的，因为法的原则以及法理念可以被归到某种生活方式的反映上。"① 自法律规范推演出的裁判规则不仅适用于个案，而且因其一般化规则的性质又具有为以后类案适用的可参照性或应参照性②，如前案裁判规则为后案所引用或维持，裁判规则就自然取得了普遍化的法律效力，事实上具有了与一般法律规范同样明确的法律约束力而可适用于后案。"当裁判规则被引入成文法，则它已经不是裁判规则而是立法规则，即法律。因此，在成文法体制下的裁判规则是司法活动中形成的规则，由此而使司法活动在消费规则的同时又生产规则，从而极大地改变了司法的性质。"③

四、涉外民商事诉讼当事人与法官互动中的司法三段论

自 20 世纪 80 年代至今，我国民事诉讼程序和民事审判方式的改革，始终以强化当事人主体地位为主轴。2019 年 10 月 14 日，最高人民法院审判委员会通过了《最高人民法院关于修改〈关于民事诉讼证据的若干规定〉的决定》，随后发布了《最高人民法院关于民事诉讼证据的若干规

---

① 张其山：《司法三段论的结构》，北京大学出版社 2010 年版，第 110 页。
② 指导性案例的裁判规则对以后类案具有应参照性。
③ 陈兴良：《案例指导制度的法理考察》，载《法制与社会发展》2012 年第 3 期，第 77 页。

定》(法释〔2019〕19 号)(简称《民事证据规定》),取代了 2001 年最高人民法院发布的《关于民事诉讼证据的若干规定》(法释〔2001〕33 号)(为了区别起见,以下称该文件为 2001 年《民事证据规定》)。《民事证据规定》进一步调整了法院与诉讼当事人在举证、查证、认定证据方面的职能分工,即对职权主义和当事人之间的关系进行了重新调整。如最高人民法院发言人在《民事证据规定》新闻发布会上所言,尽管这个调整是一个证据行为、证据方面的权利和业务的调整,但实际上是诉讼结构的调整。最高人民法院发言人声称要准确把握人民法院依职权调查证据与尊重当事人处分权行使,更好地平衡当事人处分权行使和人民法院发现真实的需要。① 由此可见,《民事证据规定》的修订正是辩论原则充分践行的明证。

在涉外民商事案件审理中,辩论主义贯穿着诉讼程序的整个过程。涉外民商事诉讼当事人诉讼权利的行使与否、行使充分与否直接制约着法官的行为方式。在当事人与法官的共同作用中,涉外民商事诉讼的司法三段论推理过程也在逐步推进。自 20 世纪末以来,我国司法体制改革下,民事诉讼体制从职权主义模式向当事人之间平等对抗性不断强化的辩论主义模式发展演变。在辩论主义模式下,当事人的程序主体地位得到尊崇,并由当事人的程序主体性地位衍生出当事人的听审请求权、证据提出权、证明权、辩论权、公正程序请求权等程序法上的基本权利。当事人自主决定诉讼进程的开启和推进,当事人的主张约束法院的裁判范围,当事人自认的事实约束法院的事实认定。在法官职权探知模式下,为追求案件的绝对真实,案件进程忽视了当事人的处分能力和意思自治。在辩论主义模式下,由于当事人自认对法官的法律拘束力,为防止因当事人虚假陈述而产生有违实质正义情形的发生,使法律真实最大限度地接近实体真实,于

---

① 《最高人民法院关于修改〈关于民事诉讼证据的若干规定〉的决定》新闻发布会内容,见中国法院网(https://www.chinacourt.org/article/subjectdetail/id/MzAwN-MixMIABAA.shtml)。

是，出现了辩论主义模式下当事人的真实义务。

涉外民商事裁判文书书写是对当事人诉辩主张及主张依据、事实争点、法律争点等问题，经由举证、质证、阐明等环节，逐一认定、剥离并最终形成内心确信的双重过程，是当事人双方质证辩论的双重过程，是当事人与法官之间主导诉讼进程与行使诉讼指挥权的双重过程，是事实认定与法律适用的双重过程，是当事人息诉服判与法官结案了事的双重过程。上述诸多"双重过程"需借助法官在裁判文书中的书写语言和推理而展现。其中，卷宗记载事实问题与当事人诉辩主张、证据、事实争点、诉讼主张、基础规范相互之间是否一致，认定事实是否对应事实争点，法律理由是否针对法律争点，判决主文有无对应诉讼请求及援用法律规范等问题，均需在裁判文书中真实呈现。裁判文书的书写阐释，是法官处理涉外民商事案件的清晰思路及专业水准的全面呈现。

涉外民商事裁判文书的整体书写应本着辩论主义和处分主义的约束范围，判决卷宗的记载应受当事人主张的约束，并充分展现当事人诉辩主张、事证资料及基础规范的真实完整，遵循事实争点及依此做出的事实认定，以及法律争点及依此做出的法律理由和法律规范之间的一一对应、相互一致，以判决文书展示法官解决涉外民商事纷争的专业水准和职业素养。

五、小结

"司法滋润法律，实际上也是发展法律，是让法律接地气。"[1] 涉外民商事裁判结论是司法认知活动的最终结果，司法认知旨在为诉诸法院的纷争提供解决之道。在这一目标实现中，一方面是对客观事实真相的需求，另一方面是对裁判过程和裁判结论得出的正当化论证说理。对裁判过程和

---

[1] 胡云腾：《司法的法治使命是滋养法律》，载《法制日报》2013 年 10 月 30 日第 9 版。

裁判结论的合理化、正当化论理，应以社会公众普遍接受的方式进行，从而将法官个体的认知判断转化为社会公众共有的认知判断。实现这一转化的关键在于，裁判文书的论证说理体现出充分协商的、不可推翻的、真正沟通的共识一致达成的过程。而这一目标的实现，则必须借助司法三段论的严密逻辑推理，通过对认定事实与法律规范构成要件之间的事实要素与价值功能的对照、摄入，实现涉外民商事裁判结论在逻辑推理上的自洽与正当，以推理过程的严密、规范保障裁判结论赢得社会公众接受的效果。

第四章　涉外民商事裁判文书释法说理中的法律适用阐明

法官是活着的法律宣示者。

——卡多佐①

---

① ［美］本杰明·卡多佐：《司法过程的性质》，苏力译，商务印书馆1998年版，第17页。

裁判文书的进一步公开和加强说理已然是我国司法改革中的重点问题。判决说理通过法院的事实认定和法律适用，以及判决主文书写中法律依据和诉讼请求、争点等之间的一一对应关系，展现法官的理性思维和逻辑判断。通过裁判文书展现的这一思维过程，是否合乎逻辑，是否能获致当事人、法律共同体和社会公众的接受与认可，诚然受制于很多因素。因涉外民商事纠纷法律选择方法之特殊性，涉外民商事审判中对案件性质的界定、法律选择原理和法律适用结果均表现出不同于国内民商事案件的特别之处。另外，涉外民商事判决常需要外国法院的协助承认和执行，法律适用依据的找寻以及法律选择中法官与当事人之间的沟通对于涉外民商事诉讼程序就显得尤为重要，这些因素均对涉外民商事诉讼程序法律适用的阐明提出了更高要求。

第一节　法律适用阐明在涉外民商事诉讼程序中的特殊表现

一、阐明权与涉外民商事诉讼构造

法律适用阐明是法官对待审案件适用法律的阐释，是指"当法官欲适用当事人未注意之法的观点时，法官就负有义务，应当向当事人开示这种法的观点，并让当事人在其与法官之间就法的观点或法律构成进行充分的讨论"①。法律阐明即法官作为法律职业者对当事人发表法律见解，也即德国和日本法律所称的法律观点开示义务，是指法院在将当事人未发觉的法律观点作为判决基础时，应当向当事人开示，与双方当事人就法的适

---

① ［日］高桥宏志：《民事诉讼制度与理论的深层分析》，林剑锋译，法律出版社2003年版，第367页。

用、法的构成等进行充分的讨论,给予当事人陈述意见的机会。① 法律阐明能够促使当事人充分举证,防止突袭裁判,保障当事人的程序参与权,因此,有学者主张法律阐明应该是阐明权的核心。② 尽管相对于事实主张而言,法律适用属于法官的职权,然而,如果当事人能够对法律问题充分表明自己的意见,则裁判结论的正当性和认同性无疑会大大提升。也有学者认为,法律适用阐明传递了一种新的司法理念,即"法判断权并非法官独占,应当为当事人提供对法官的法律判断权施加影响的机会,从而保障当事人在法领域中的程序参与权,协同发现法之所在"③。换言之,法律适用的阐明也是当事人诉讼主体地位和程序参与权的体现。

在涉外民商事司法审判中,行使审判权的法官与进行诉答的双方当事人之间是一种什么关系、如何处理并维持这一关系的平衡构成所有社会涉外民商事诉讼程序的核心。这一关系的价值预设与制度设置制约着涉外民商事诉讼程序的具体形态。更为重要的是,法官与当事人的关系形塑了涉外民商事诉讼程序的结构,左右着涉外民商事诉讼体制发展的基本走向。在法官与当事人关系的制度设置上,民商事诉讼普遍由职权探知主义向当事人主义过渡,民商事诉讼程序实行辩论主义。④ 由于辩论主义在实践中难以避免的制度性缺陷,法官阐明权也应运而生。

---

① 此规定可见之于 1976 年《德国民事诉讼法》第二百七十八条第三款的规定,参见谢怀栻译《德意志联邦共和国民事诉讼法》,中国法制出版社 2001 年版,第 68、154 页。对此内容,日本民事诉讼法虽无明文规定,但相关判例明确承认《德国民事诉讼法》的做法。参见 [日] 兼子一、竹下守夫《民事诉讼法》,白绿铉译,法律出版社 1995 年版,"译者前言",第 14~15 页。

② 熊跃敏:《民事诉讼中法院的释明:法理、规则与判例——以日本民事诉讼为中心的考察》,载《比较法研究》2004 年第 6 期,第 71~73 页。

③ [日] 新堂幸司:《重点讲义民事诉讼法》,有斐阁 1999 年版,第 385 页。转引自熊跃敏《民事诉讼中法院的释明:法理、规则与判例——以日本民事诉讼为中心的考察》,载《比较法研究》2004 年第 6 期,第 73 页。

④ 有关辩论主义的更多讨论可参阅马永梅《辩论主义与我国涉外民商事诉讼程序的完善》,中国政法大学出版社 2015 年版。

如果将法官阐明权的制度设置投放于更大的制度背景——我国民事诉讼制度包括涉外民商事诉讼程序中，当事人的程序自治权与法院职权之间的配置关系及比例问题——下进行考量，则可从整体视野全面了解阐明权在涉外民商事诉讼程序和裁判文书释法说理中功能实现的运作过程，洞悉阐明权在相互制约的当事人诉权和法院审判权交织之中的实现路径。当事人诉权的行使和权利保障以当事人的程序主体地位为基础，"当事人意思自治及其诉讼主体地位始终是现代民商事诉讼制度的核心和基石，或者说是'意思自治型'的现代诉讼制度中配置当事人与法院之间的权利——权力及相应责任时不可偏离的基本准则"①。在现代社会民商事诉讼的辩论主义模式下，当事人以其程序主体地位主导着诉讼程序和诉讼进程，法院的审理范围限于当事人主张的事项，当事人以其自由合意选择程序进行的方式。由于当事人自身诉讼能力存在差异以及民商事诉讼机制的外围制度设置的不完备，如果纯粹依循辩论主义的诉讼审理机制，则当事人的诉讼权利难以得到充分行使，当事人的程序主体地位无法受到完全尊重，这就有可能走向辩论主义诉讼机制的反面。于是，为弥补辩论主义模式下当事人实际诉讼能力和可获取诉讼资源等方面的不足，以及真正践行当事人诉讼武器平等原则，大陆法系民商事诉讼程序规定了法官的阐明权，以弥补、扶助当事人诉讼能力等方面的不足。"西方民商事诉讼理论中，人们进行诉讼应遵循辩论主义的指向，但完全遵循辩论主义的指向又恐不能达到诉讼制度设置的目的，释明权就成了实现民商事诉讼制度目的的修整器。辩论主义在西方民诉理论中的地位就决定释明权的地位。"②

基于辩论主义，法院不应主动干预当事人的事证主张和请求依据，而在诉讼当事人因能力欠缺致使民事诉讼当事人武器平等原则难以真正践行

---

① 傅郁林：《新民事诉讼法中的程序性合意机制》，载《比较法研究》2012年第5期，第55~56页。

② 张卫平：《诉讼构架与程式——民事诉讼的法律分析》，清华大学出版社2000年版，第185页。

时，则需要法官运用专业、理性语言救济诉讼能力欠缺的当事人，明确告知当事人的诉讼权利和实体权利，并对法律依据进行阐释，公开心证和法律见解，以便当事人能针对事实争点和法律争点进行充分举证，并对依此做出的法律选择和法律适用透彻理解。法律适用是逻辑三段论的适用过程，将案件事实涵摄于法律规范并实现案件事实与法律规范之间的流连忘返的逻辑三段论的形式推理在形式上具有合法正当性，而小前提和结论的正确认定与阐释，则是避免诉讼突袭从而保证判决结果的正当、公正之前提。

多年来，我国民商事诉讼体制的整体改革体现出逐渐弱化法院职权，同时提升并完善当事人诉权行使的各种制度保障以弥补辩论主义缺陷的趋势。然而，阐明权行使必须遵循合理的限度，否则，不仅会冲击辩论主义模式下当事人程序主体地位的根基，而且也极易损害程序公正。因此，法官阐明具有权利与义务的双重属性，甚至可以说，阐明更多地表现为法官的职权。① 阐明权的行使须在法律规定的范围之内，法官就事实问题及法律问题在向当事人阐明的同时，也应赋予当事人以异议权，法院应对当事人的异议进行审查并做出书面裁定。② 如有的学者所言："在很大程度上，法官的阐明权是确定当事人主义与职权主义的界碑与分水岭。在辩论主义前提下，凡一方当事人本应主张的事实但因某种原因而没有提出这种主张，如法官根据法律预设的框架来据此判定该方当事人对主张责任的自我定位落空时，应当判定该方当事人败诉。这通常被视为当事人主义的一种

---

① 有关阐明权性质的认识，大陆法系国家的代表性国家包括我国将阐明权作为法官义务，参见最高人民法院民商事诉讼法调研小组《民事诉讼程序改革报告》，法律出版社 2003 年版，第 96 页。也有学者主张阐明权的权利与义务复合性，认为阐明权兼具"权利+义务"性质，参见周利民《试论阐明权》，载《政法论坛》2001 年第 3 期，第 85～88 页；张力《论阐明权在我国民事诉讼中的性质界定》，载《法律适用》2005 年第 10 期，第 24 页。

② 蔡虹：《释明权：基础透视与制度建构》，载《法学评论》2005 年第 1 期，第 113 页。

体现。如果在同等情形下,法官按照法律所预设的框架行使阐明权,以便促使当事人提出符合法律框架但未提出的事实主张,或者就此暗示其应当就特定事项负有证明责任并提供相应的证据。这通常被视为系职权主义的一种体现。就此而论,阐明权的行使势必在一定程度和范围内使辩论主义受到相应的限制与制约。按照这种逻辑推论必将导致程序正义与实体正义这两种价值观念的角逐。"① 如此,法官行使法律适用阐明权时,应适当平衡诉讼当事人的程序处分权。

二、法律适用阐明在涉外民商事诉讼程序中的复杂性

将认定事实纳入找到的法律依据中,即完成了认定事实与适用法律之间的对接与涵摄。涵摄或归入看似简单,然而,较之于国内民事诉讼程序的法律适用,涉外民商事诉讼程序的法律适用问题要复杂得多。浩繁复杂的各国国内法、国际条约和国际商事惯例,以及诉讼机制的专业化存在和发展趋势,形成了法律领域的日益精细化、专业化趋势。尽管诉讼当事人和社会公众在法律信息资源的获取和分享上也日益呈现出方便快速的态势,但是,法律的专业化和诉讼当事人对法律资源的占有乃至精通之间,仍然存在着不可忽视的实际差距。如何找到正确的适用于认定事实的法律依据,对于富有职业素养的涉外民商事案件的审案法官而言,一般并非难事。然而,法官找到的适用于认定事实的法律依据是否能够为当事人理解?法官对事实问题的认定和处理是否为当事人认可?如何消除当事人对法律适用的疑虑和困惑?这些问题却是需要考虑和处理的。尤其是在外国法、国际条约、国际商事惯例的适用情形下,法官更应运用阐明职权向当事人和社会公众阐释法律适用的理由,加强心证公开,弥补法律选择方法和程序规定等方面的不足,消解法

---

① 毕玉谦:《对民事诉讼中法官阐明权的基本解读》,载《法学家》2006 年第 6 期,第 93 页。

律适用方法言而不宜的先天的形式性瑕疵，从而以此弥合法律的专业化发展与社会公众对法律认知局限之间的差距。

在涉外民商事诉讼程序中，对案件事实进行法律认定之后，法官即进入"找法"的思维阶段，找寻具体的、在规范构成要件上能够涵容认定事实的构成要件。其间，法官必然需要对认定事实做以价值评断，而进行价值评断就必须找寻足以涵容认定事实的法律规范，并将该法律规范体现的价值取向与认定事实的事实属性或自然属性相对照，判断二者之间是否相符。换言之，认定事实如已充分具备了法律规范的构成要件，法官则对认定事实与意欲适用的法律规范的价值评判进行比较，如认定事实的价值判断与法律规范的价值判断相一致，则自然完成了从事实判断向规范判断的过渡，认定事实也因此而纳入了法律规范的构成要件中，据此，适用于个案的规范判断结论也随之而出。

涉外民商事诉讼程序的找法过程极其特别，不仅面临着国内民商事法律案件的找法问题，更重要的是，除了具有与国内民商事法律冲突相同的直接解决方法即实体法方法之外，涉外民商事法律冲突的解决还有一种前者所不具备的特殊方法，即间接解决方法——适用冲突法规范解决法律冲突的方法。因此，涉外民商事诉讼程序的找法路径应解决的问题是：直接的实体法方法与间接的冲突法方法能否同时采用？如果答案是否定的，则如何在直接方法的实体法与间接方法的冲突法之间进行选择？选择有无次序？选择的标准为何？如以实体法方法解决涉外民商事法律冲突，则如何适用内国（域）实体法、外国（域）实体法、国际统一实体法包括国际条约和国际商事惯例？如以冲突法方法解决涉外民商事法律冲突，则如何援用冲突规范？如何解释连结点？如何解决国际、区际和时际法律冲突问题？如何适用与冲突规范有关的制度，如反致、公共秩序保留、法律规避、外国法的查明等？上述任何一个问题的解决，都需要法官具备统观所有问题的视野和知识储备，任何问题的解决瑕疵都会直接影响其他问题的处理结果。如果没有受过国际法和涉外民商事法律知识技能的专门训练，面对这些问题时，法官一定会以面对一般民商事法律冲突的思路去求取解决方法，如此，则案件的处理结果会大相径庭。

如果涉外民商事案件的受案法官在冲突解决的实体法方法选用或冲突法方法选用时就走错了方向，则案件适用的法律规范必定迥然不同，即便因不同法律规范的适用而带来完全相同的实体处理结果，也不能因实体结果的偶然一致而抹杀错误法律适用方法带来的选法方向上的致命错误，不能因实体结果的偶然正确而置法律适用错误于不顾而抹杀或漠视法律选择过程中冲突正义被折损的事实。正是由于涉外民商事诉讼程序法律适用的复杂性，涉外民商事裁判文书更应对法律适用进行充分的释法说理。通过设定的权利与义务，裁判文书对诉讼当事人及利害关系人产生影响。如果法官对裁判结论的生成过程未能做以充分论证阐明，何以说服诉讼当事人自觉接受裁判文书确定的义务？法官又如何向社会公众表明其裁判结论的正当性？涉外民商事裁判文书唯有对质证、辩论之认定事实进行充分阐明，对诉讼参与者的充分沟通过程做出正确记载，对法官法律适用过程进行充分阐明，方能获得诉讼当事人对裁判结论的真正接受，获得法律共同体及社会公众乃至国际社会对涉外民商事判决的认可。

第二节　涉外民商事诉讼程序中法律适用阐明之现实运作

涉外民商事诉讼程序中的法律适用阐明可以从不同层面进行分析。从动态方面而言，涉外民商事诉讼程序的法律适用阐明表现在法庭审理过程中法官与当事人之间对话沟通的诸多环节，尤其是法官心证的公开环节；从静态方面而言，则表现在固化、浓缩审判过程的裁判文书中，通过法官的释法说理彰显涉外民商事诉讼程序中法律适用的理据。由于庭审过程的不可再现性，就便宜角度而言，我们仅能通过法院公开的裁判文书而感知法律适用阐明。透过一纸裁判文书，通过设身处地地回想法官与当事人之间以及双方当事人相互之间的对立、合作的风云机变、讨论沟通,我们方能了知诉讼参与者就事实问题和法律适用问题达成共识的此情彼景。裁判文书也是法律共同体和社会公众了解纷争事实与适用法律的唯一可行、可靠的途径,裁判文书释法说理的充分恰当与否直接影响着社会公众对涉外民商事诉讼法律阐明的认知。

一、涉外民商事诉讼程序中法律适用阐明之现状

我国内地法院在涉外民商事裁判文书释法说理中的现状表明,无论是因法院将管辖权确定的法律依据等同于法律适用的法律依据而产生的准据法确定的误区①,还是因对先决问题的处理不当而导致的法律选择错误或是选法依据方面的错误②,部分裁判文书的内容表现出法律适用理由充分说明的欠缺。除了上述问题之外,一些裁判文书反映出涉外民商事案件法律适用方面的问题。例如,一些案件表现出对统一实体私法条约适用上的偏差,法院以我国冲突规范作为案件纠纷解决的方法,并进而以冲突规范中的连接点寻找准据法,将该准据法作为纠纷解决的法律依据,而裁判文书对统一实体私法条约不予适用缘由的阐释并不够详尽③;在法律未许可当事人以意思自治选择法律的民商事领域,法官对当事人明示约定的法律选择予以认可,在裁判文书中,法官仅笼统阐释当事人意思自治的选法行为有效;在最密切联系原则适用中,对最密切联系地如何确定,尽管裁判文书也会列举诸如当事人经常居住地、国籍、财产所在地等常用判断因

---

① 例如,BL 公司诉 DC 公司侵犯著作权纠纷案〔(2010) ××法民初字第 00496 号〕、LY 公司诉 YH 公司侵害商标专用权纠纷案〔(2012) ×民初字第 308 号〕。

② 相关论述可参阅宋连斌、赵正华《我国涉外民商事裁判文书现存问题探讨》,载《法学评论》2011 年第 1 期,第 116~117 页。

③ 例如,FG 股份有限公司诉 LL 有限公司国际货物买卖合同纠纷案〔(20××) ×一中民五初字第 42 号〕、KS 有限公司与 BL 株式会社国际货物买卖合同纠纷案〔(20××) ×一中民五初字第 39 号〕。

素,但是,对甲地而非乙地何以被确定为最密切联系地仍然缺少充分的比较分析,裁判文书仅通过简单罗列式的要素数量比较进行判断①。还有,在法院认定外国法不能查明时,对于查明途径是否穷尽,有的裁判文书阐释得不够详尽。如果当事人约定适用外国法,在当事人未能举证证明外国法适用或提供的外国法内容不一致时,部分裁判文书表现出法院直接适用我国法律以取代应适用的外国法,法院查明外国法的便利与可能情形在裁判文书的释法说理中也呈现出论理解释的局限性。②《涉外民事关系法律适用法司法解释》第十八条规定:"人民法院应当听取各方当事人对应当适用的外国法律的内容及其理解与适用的意见,当事人对该外国法律的内容及其理解与适用均无异议的,人民法院可以予以确认;当事人有异议的,由人民法院审查认定。"该条法律规范对涉外民商事诉讼中法官应向当事人充分阐明外国法的适用缘由、外国法的内容及其理解等内容做了较为翔实的规定。然而,该条法律规范的现实运作及其在裁判文书中的体现,尚不足以涵盖涉外民商事诉讼程序外国法适用与否之现实情形。有些裁判文书在结合当事人质证论辩,对案件事实做出认定之后,关于法律适用理由和依据,尤其是法官选法之思维过程和逻辑推理却全然不见,往往只有寥寥几笔的法律适用结论,至于适用此一选法方法而非彼一选法方法、适用此法而非彼法、弃连接点的彼种解释而选用此种理解、外国法未能查明之缘由等体现法官严谨选法过程之思维推理问题却并未显现。审理完结后,裁判文书给出的仅是命令式、结论式的判决结果,而缺乏对事证主张的分析论证和适用法律的充分推理。

下文以 DF 地产有限公司、WJ 建设(集团)有限公司信用证欺诈纠

---

① 例如,深圳 XD 国际货运代理有限公司、香港 XD 国际货运代理有限公司诉 HZ 有限公司、TL 有限公司货运代理合同纠纷案〔(20××)××海法初字第 126 号〕、WL(香港)投资发展有限公司与 HT 信托投资公司融资租赁合同纠纷上诉案〔(20××)×民三终字第 35 号〕。

② 例如,SA 航运有限公司诉 GL 有限公司错误申请海事强制令损害赔偿纠纷案〔(20××)×海法事初字第 30 号〕。

纷再审案〔（20××）××法民再134号〕中几个不同级别的审理法院对案件几个问题的观点来解读法律适用阐明所涉典型问题，借此管窥涉外民商事裁判文书释法说理的具体表现。该案反映的主要问题是案件的法律适用——当事人约定的国际惯例、法院地冲突规范及国际公约的适用问题。不过，涉外民商事纠纷法律适用问题的前行环节是纠纷性质的认定，基于同一事实，如果不同法官认定该纠纷应属于不同类型的法律关系，则基于不同法律关系的认定结果，必然导致纠纷适用不同的涉外民商事法律冲突解决办法，即第一位的实体法方法与第二位的冲突法方法。如果实体法方法能够完全解决该涉外民商事法律冲突，则无冲突法方法适用的任何余地；如果实体法方法仅能解决部分涉外民商事法律冲突，则在实体法无法发挥作用的空间，适用冲突法方法找寻冲突规范、解释连结点并寻找准据法，以调整实体法无法作用的事项下当事人之间的权利义务关系。所以，对该案法律适用的清晰分析不能离开法官对案件法律关系的性质认定，因此，下文就该案所涉几级审理法院对案件性质的认定也一并予以分析。

（一）案件性质的认定

一审法院以主体具有涉外因素认定本案案由为保函欺诈纠纷，并以保函欺诈属于侵权纠纷为由，认为该案应适用侵权纠纷案件的管辖规定，由被告住所地或侵权行为地法院管辖。一审法院认为，由于侵权行为地包括侵权行为实施地和侵权结果发生地，而该案保函反担保人及申请人均位于我国境内，保函欺诈的侵权结果也发生在我国境内，故一审法院认定该院具有管辖权。二审法院未对此问题做出明确阐述。再审法院则先以当事人经常居所地位于我国领域外为由，而认定该案为涉外商事纠纷性质的案件。然后，依据《涉外民事关系法律适用法》第八条"涉外民事关系的定性，适用法院地法"，再审法院确定该案所涉保函的性质为见索即付独立保函和见索即付独立反担保函，并以一审原告以保函欺诈为由向一审法院提起诉讼为由，确定该案性质为保函欺诈纠纷。接着，再审法院分析该案的管辖权，法院以被请求止付的独立反担保函的开具行所在地应为一审原告主张的侵权结果发生地为由，确认一审法院作为侵权行为地法院对该案的管辖权。在此，再审法院确定管辖依据的标准应为侵权行为地，并且以侵权行为地标准中的侵权结果发生地为确定管辖的依据。

该案在案件性质认定上的特殊之处在于，该案纠纷所涉保函具有如信用证纠纷一样的问题，即涉及基础交易关系和为基础交易完成而产生的担保关系。一直以来，由于国际商事惯例遵循保函和信用证的独立性和排他性，虽然保函依据申请人与受益人订立的基础合同开立，但保函一旦开立，就独立于基础合同而存在，且保函开立、流转、付款关系也独立于保函欺诈行为。保函申请人请求法院确认受益人存在欺诈性索款目的，其目的在于意欲终止保函项下款项的支付，以保护其合法权益免受侵害。基于以上分析，独立保函欺诈性索款纠纷应定性为侵权纠纷。

(二) 案件的法律适用

如上文分析，该案中保函开立、流转、付款关系不仅独立于基础合同关系，也并不依附于保函欺诈关系。因此，在法律适用环节，需要区分三个不同法律关系的法律适用问题：基础交易的法律适用，保函开立、流转、付款关系等保函法律关系的法律适用，保函欺诈侵权行为的法律适用。该案当事人所涉纠纷源于基础合同项下的付款争议，因付款争议而启动仲裁程序，裁决结果对基础交易合同中当事人发生违约情形做出认定。该违约当事人以保函受益人的身份要求实现保函权利的行为是否可以认定构成欺诈，是该案所要解决的问题。该案的法律适用较为典型，关乎当事人约定的国际商事惯例、法院地冲突规范及国际公约适用的问题。

1. 保函开立、流转、付款关系等与独立保函纠纷法律关系有关的法律适用

国际商会银行技术与实务委员会与国际商业惯例委员会共同制定的《见索即付保函统一规则》以国际商会第458号出版物于1992年出版发行。作为民间组织的国际商会制定此《见索即付保函统一规则》，旨在为国际商事交易中的当事人提供一种可供选用的示范文本，因而，与其他国际商事惯例同理，该《见索即付保函统一规则》具有国际商事惯例的一般特点，即具有多种版本，且每种版本相互独立并同时有效，仅在当事人明确表明选择适用某种版本时，该版本的国际商事惯例方能在当事人之间产生法律效力。《见索即付保函统一规则》也需要经过当事人的自由选择，方取得对当事人的法律效力，此即国际商事惯例的任意适用性。例如，《见索即付保函统一规则》第一条规定："本规则适用于任何明确表明适用本规则的见索即付保函或反担保函。"该案所涉保函明确载明其适用《见索即付保函统一规则》，即该案当事人以合意选择行为将《见索即付保函统一规则》纳入其保函合同，《见索即付保函统一规则》也因该案当事人的合意选择而成为案涉争议保函的内容构成部分。

2. 保函欺诈纠纷的法律适用

如同国际贸易支付领域的其他国际商事惯例对支付欺诈内容的缺省，《见索即付保函统一规则》也仅规定了保函开立、流转、付款关系等独立保函运行中不同当事人的实体权利义务，而未明确保函欺诈应如何认定，因此，保函欺诈纠纷的法律适用需要法院另行确定，并与《见索即付保函统一规则》叠加适用。保函欺诈属于侵权行为，因此，应适用侵权关系的法律适用规则，以确定保函欺诈的适用法律，即审案法院应依据我国有关涉外侵权的冲突规范确定保函欺诈的准据法。而在我国有关冲突规范的立法文件中，保函欺诈并未作为特殊类型的侵权行为种类，保函欺诈不适用特殊的法律适用规则，因此，保函欺诈应适用一般侵权的法律适用规则，即《涉外民事关系法律适用法》第四十四条"侵权责任，适用侵权行为地法律"的规定。如此，则案涉保函欺诈中，《见索即付保函统一规则》未做规范的保函欺诈的认定适用《涉外民事关系法律适用法》第四十四条。

该案审理中三个不同级别的法院对此问题的解决稍有差别。

因涉案保函已约定适用《见索即付保函统一规则》，一审法院依据意思自治原则，认为当事人明示选择的法律或惯例应予适用，则法院在确定当事人选择的《见索即付保函统一规则》适用于该案后，又根据《涉外民事关系法律适用法》第四十四条的规定，认为该案保函欺诈的认定与止付标准应直接适用中国法律。而后，一审法院又以关于保函欺诈的认定问题，《见索即付保函统一规则》以及我国法律、司法解释并无明确规定，因此，可参考《联合国独立保证与备用信用证公约》的有关规定来分析保函欺诈的认定。

对当事人约定适用的《见索即付保函统一规则》，二审法院认为，作为国际商事惯例的《见索即付保函统一规则》仅在保函当事人于保函中明确约定适用时，该《见索即付保函统一规则》方可适用。该案保函当事人已明确约定《见索即付保函统一规则》适用于案涉保函，因此，应当尊重当事人的意志，在保函和反担保函的开立、修改、索赔条件、担保人的审核义务等方面均应遵守《见索即付保函统一规则》的规定。接着，二审法院以《见索即付保函统一规则》以及我国内国法均未对保函欺诈的认定及保函欺诈例外做出规定，而《联合国独立保证与备用信用证公约》规定了国际贸易实践中独立保函和备用信用证运作的一般规则，而且这些规则已得到国际社会的普遍认可，即使不加入《联合国独立保证与备用信用证公约》，该公约有关保函欺诈的规则内容，对于使用独立保函的当事人的指导作用也是不容否定的，故二审法院认为一审法院参照《联合国独立保证与备用信用证公约》中关于保函欺诈的规定处理该案并无不妥。

再审法院认为，因涉案保函载明适用《见索即付保函统一规则》，因此，《见索即付保函统一规则》构成案涉争议保函的组成部分。根据《涉外民事关系法律适用法》第四十四条的规定，《见索即付保函统一规则》未予涉及的保函欺诈之认定标准应适用我国法律。由于我国没有加入《联合国独立保证与备用信用证公约》，该案当事人也未约定适用《联合国独立保证与备用信用证公约》或将《联合国独立保证与备用信用证公约》有关内容作为国际交易规则订入保函，因此，根据意思自治原则，《联合国独立保证与备用信用证公约》不应适用于涉案保函纠纷。

《联合国独立保证与备用信用证公约》是否适用于保函欺诈法律适用的确定？一反一审法院和二审法院的做法，再审法院就未对我国生效且未经当事人选择适用的国际公约抱持谨慎态度。在此，有必要讨论未对我国生效的条约如何适用。

根据国际法原理,"一个合法缔结的条约,在其有效期间内,当事国有依约善意履行的义务。这在国际法上称为条约必须信守原则或条约神圣原则,是条约法上的一个最重要的基本原则"①。《维也纳条约法公约》第二十六条规定:"凡有效之条约对各当事国均有约束力,各当事国必须善意履行之。"该条确立的善意履行国际条约义务是对国际社会长期形成的信守条约义务的国际惯例的成文化转化。条约是各成员国共同同意的结果,经由各成员国让渡自身利益和意志而达成,遵照履行条约义务即践行自身允诺的必然推论,如成员国已成为条约当事方且该条约已经发生法律效力,则该成员国应负有履行或实施条约的义务。站在国际法的立场上,无论是从国际条约法层面还是从国家权利义务层面而言,只有在国家作为成员国(无论国家以缔约国身份出现或是以加入国身份出现)且该国际条约已经生效时,国家才负有善意履行国际条约的义务。而从国际私法所处理的涉外民商事法律关系角度而言,除了在国家作为成员国且国际条约已经生效的情形下,成员国负有条约履行义务之外,在本国非为国际条约成员国且该国际条约已经生效之情形下,该国际条约在本国法院也有适用的可能。在我国涉外民商事司法实践中,对于未对我国生效的国际条约,我国法院一般将其视为已经存在的国际惯例加以适用。"如果具体案件的当事人所属国都不是某一国际私法条约的缔约国,该条约当然不能直接适用,但当事人可以选择适用此种统一实体法条约,因为这时的国际条约可以看成是某一法律领域的国际惯例的证明。我国法律也确立了这种选择的有效性。"②

事实上,在直至 2013 年《涉外民事关系法律适用法司法解释》生效之前的很长时间内,对于我国非为成员国的国际私法条约如何适用,我国法律并未做出明确规定。然而,综观我国法院的涉外民商事司法实践,可以推论得出,就涉外民商事纠纷解决而言,法院对此类国际私法条约一般

---

① 李浩培:《条约法概论》,法律出版社 2003 年版,第 272 页。
② 肖永平:《法理学视野下的冲突法》,高等教育出版社 2008 年版,第 352 页。

以当事人主动援引而加以适用。例如，早在 1993 年广东省高级人民法院审理的五矿东方贸易进出口公司诉罗马尼亚班轮公司"柯兹亚"轮迟延交货纠纷案①即为典型，此后，在涉外民商事司法实践中常见对此案的沿袭做法，一些司法判例表明，法院将未对我国生效而经当事人合意选择的国际条约作为法律适用的依据。② 在这些判例中，未对我国生效的国际条约是作为当事人以意思自治方式选择的准据法的形式出现的，国际条约在此具有与作为准据法的国家法和国际商事惯例一样的性质，即经由冲突规范援引、以意思自治的法律方法、经合意选择这一联结点而指引的实体性规则。这种认识一以贯之，广东省高级人民法院于 2004 年发布的《关于涉外商事审判若干问题的指导意见》体现了上述观点，该指导意见第四十三条可谓是我国司法实践对未生效的国际条约如何适用的观点总述，该条内容为："当事人在合同中选择我国未参加的国际公约作为合同准据法的，只要所选择的公约是一个能够确定当事人权利义务的国际统一实体法公约，而不是一个关于程序法或冲突法的公约，并且适用该公约不违反我国

---

① 该案中两份提单背面条款均载明："1924 年《统一提单的若干法律规定的国际公约》（即《海牙规则》）的条款作为提单条款的一部分，并入提单。"法院认为，当事人一致同意《海牙规则》作为纠纷解决的法律且不违反我国法律，则应确认当事人选《海牙规则》适用的法律效力。参见金正佳《中国典型海事案例评析》，法律出版社 1998 年版，第 368 页。

② 同类典型案例有：1995 年广东省高级人民法院审理的德国美最时洋行诉广州远洋运输公司和招商货柜航运有限公司"强河"轮无正本提单交货纠纷案中，广州海事法院认为《海牙规则》为当事人合意选择的准据法；1995 年广东省高级人民法院审理的万宝集团广州菲达电器厂诉美国总统轮船公司无正本提单交货纠纷案中，《海牙规则》作为国际惯例而适用；1996 年最高人民法院审理的香港粤海公司与招商局仓码公司、特发公司等海上货物运输无单放货、提货、代理放货纠纷再审案中，最高人民法院并未指明《海牙规则》是作为法律适用或是作为国际商事惯例适用；2000 年广东省高级人民法院审理的中国人民保险公司广东省分公司诉塞浦路斯海运有限公司圣达卢船务有限公司海上货物运输合同货差赔偿纠纷案中，广东省高级人民法院认为，该案提单中载明适用《海牙规则》，意思是将《海牙规则》内容并入提单，《海牙规则》不是法律适用条款。

的公共秩序,就应当认定当事人的法律选择有效。"2013年发布的《涉外民事关系法律适用法司法解释》第九条规定:"当事人在合同中援引尚未对中华人民共和国生效的国际条约的,人民法院可以根据该国际条约的内容确定当事人之间的权利义务。"未对我国生效的国际条约可通过当事人意思自治而适用,这种长期以来的司法实践做法,在这个文件中首次以司法解释意见的形式得到了最高人民法院的认可。

二、涉外民商事裁判文书法律适用阐明的正当化论证分析

我国涉外民商事裁判文书法律适用阐明正当化论证缺失状况之形成是多种因素合力作用的结果。

首先,我国法律中有关阐明的规定不明晰,阐明的对象、内容和法律效果这些内在于阐明制度基本属性的问题,在我国法律中均呈现出模糊不清的状态。学界一般认为,1991年《民事诉讼法》并没有正面规定法官的阐明权。[1] 事实上,在2007年、2012年及2017年三次有关《民事诉讼

---

[1] 学界对此有不同认识。有的学者认为,1991年《民事诉讼法》第一百一十一条第五项规定"对判决、裁定已经发生法律效力的案件,当事人又起诉的,告知原告按照申诉处理"应该属于阐明权的内容。参见江伟、刘敏《论民事诉讼模式的转换与法官的释明权》,见陈光中、江伟主编《诉讼法论丛》(第6卷),法律出版社2001年版,第341页。也有学者认为,以下文件关于阐明权有所规定:1991年《民商事诉讼法》第一百一十一条关于法院向起诉的当事人告知案件主管、管辖等情况的规定;1993年以来,最高人民法院关于民商事经济审判方式改革发布的一系列规定中,关于审判长引导当事人辩论的规定;2003年最高人民法院发布的《关于适用简易程序审理民商事案件的若干规定》的第七条对逾期举证及拒不到庭的法律后果的告知规定、第九条对被告拒不提供送达地址的后果的告知规定、第二十条对没有委托律师代理诉讼的当事人的诉讼权利告知和举证指导义务的规定、第二十八条对当庭宣判案件告知当事人领取裁判文书期间及地点和逾期不领取的法律后果的规定。参见陈永富、周桓《小议法官释明制度》,见中国法院网(http://old.chinacourt.org/html/article/200412/31/144923.shtml)。

法》的修订中也并未明确规定阐明权。① 1988 年，我国法院系统进行的民商事审判方式改革表现出强化当事人主体地位、弱化法院的职权干预，加强当事人庭审质证、辩论，强调法官公正裁判的趋势。② 上述改革成果在 1991 年《民事诉讼法》中得到部分反映。③ 学界公认，我国对阐明权的首次规定见之于 2001 年公布的《最高人民法院关于民事诉讼证据的若干规定》（简称 2001 年《民事证据规定》）。其中，阐明权的内容表现在以下三个条款中：第三条对举证指导的规定，第三十三条关于送达举证通知书并载明相关事项的规定，第三十五条关于告知变更诉讼请求的规定。不过，对于 2001 年《民事证据规定》第三十五条变革诉讼请求的规定，学界争议颇多。④ 此外，近些年最高人民法院的其他司法文件以及其他机构

---

① 1991 年《民事诉讼法》第一百一十一条第五项规定的内容在之后 2007 年修订的《民事诉讼法》、2012 年修订《民事诉讼法》、2017 年修订的《民事诉讼法》中均得以沿袭保留，该内容分别规定在 2007 年修订的《民事诉讼法》中第一百一十一条第五项、2012 年修订的《民事诉讼法》中第一百二十四条第五项，2017 年修订的《民事诉讼法》中该内容仍然规定在第一百二十四条第五项。

② 陈桂明：《程序理念与程序规则》，中国法制出版社 1999 年版，第 77～91 页。

③ 如二审法院的审理范围限于当事人上诉请求的范围等内容。

④ 认为 2001 年《民事证据规定》第三十五条构成阐明权的观点主要有：熊跃敏：《民事诉讼中法院的释明：法理、规则与判例——以日本民商事诉讼为中心的考察》，载《比较法研究》2004 年第 6 期，第 75 页；韩红俊：《释明义务研究》，法律出版社 2008 年版，第 99 页。认为 2001 年《民事证据规定》第三十五条并非有关阐明权规定的观点主要有：蔡虹：《释明权：基础透视与制度建构》，载《法学评论》2005 年第 10 期，第 109～110 页；赵刚：《论法官对诉讼请求事项变更的告知义务》，载《法商研究》2005 年第 6 期，第 112～116 页。

发布的相关文件也涉及阐明制度。① 这些文件使用了"阐明"一词,对法院应当向当事人进行阐明的诸种情形都有所涉及,如举证责任分配、举证期限、拟制自认以及变更诉讼请求。2001年《民事证据规定》施行后,强化法官的阐明义务在司法实践中日益受到重视,一些法院将阐明义务作为贯彻"司法为民"的重要措施,有的法院就法官阐明权的具体内容做出了详细规范。例如,2004年厦门市中级人民法院"关于民商事证据制度课题研究系列报告"成果在举证指导、证据交换以及诉讼审理三个不同阶段阐释法官阐明,该内容反映了司法实践对阐明的积极探索。②

《民事证据规定》仅在"认为待证事实需要通过鉴定意见证明的,应当向当事人释明"③的个别条款中涉及阐明的内容,除此之外,《民事证据规定》并未全面、明确地规定阐明权。但是,在《民事证据规定》新闻发布会上,最高人民法院发言人提出加强对当事人的诉讼指导、加强释明权的行使、积极做好释明工作、加强对当事人的举证指导等内容,充分表明了阐明制度为我国司法实务所重视的程度。

尽管长期以来,最高人民法院相关司法解释意见对阐明的规定似乎已被司法实务充分践行,然而2001年《民事证据规定》对阐明的对象和内容、法官行使或不行使阐明所产生的法律效力和法律后果均无明确规定。

---

① 例如,2005年公布的《最高人民法院关于全面加强人民法庭工作的决定》(法发〔2005〕16号)第二十条规定:人民法庭应当根据当事人的文化水平、诉讼能力、是否委托律师等具体情况履行释明义务,指导当事人起诉时明确诉讼请求,并围绕诉讼请求进行举证。2008年公布的《最高人民法院关于审理民事案件适用诉讼时效制度若干问题的规定》(法释〔2008〕11号)第三条规定:当事人未提出诉讼时效抗辩,人民法院不应对诉讼时效问题进行释明及主动适用诉讼时效的规定进行裁判。人力资源和社会保障部于2008年通过的《劳动人事争议仲裁办案规则》第三十三条规定:仲裁委员会在申请仲裁时,可以引导当事人通过协商、调解等方式解决争议,给予必要的法律释明及风险提示。

② 厦门市中级人民法院课题组:《论法官释明权在民商事诉讼中的运用》,载《人民法院报》2003年6月3日第6版。

③ 2001年《民事证据规定》第三十条。

这一问题在《民事证据规定》中同样存在。自 2001 年《民事证据规定》施行以来，由于阐明权的适用范围和适用方法缺乏明确的规范和指引，导致在实践中人们对阐明权的范围理解不一，法官自行决定如何行使阐明，多数法官认为"阐明程度不明确"，"担心丧失中立地位，容易和一方或双方形成对立情绪，'出力不讨好'"。① 这些因素导致在司法实践中，阐明权的行使极易走向两个极端：一方面是受司法体制改革的"当事人主义""辩论主义""司法中立"思想的影响，法官怠于行使阐明权，突袭裁判时有发生；另一方面是法官通过阐明而侵入当事人处分权和意思自治的行使空间，甚至直接充当当事人的代言人。② 而且，上述文件所涉的阐明对象极少针对法律适用问题，而多表现为对事实认定问题的阐明。有学者认为，我国尽管有了阐明权的法律规范，但是尚未形成真正意义上的阐明权制度。③

其次，较之于对法律适用阐明的重视，我国相关法律文件和司法解释意见更注重事实认定层面的阐明。就事实认定的阐明而言，司法实践中更重视庭审前阐明而不注重庭审中阐明。如何在庭审中引导当事人围绕庭审争点进行举证、质证、辩论，往往得不到司法实践的重视，尤其是法官对于所审理案件的法律适用观点的阐明不够充分、全面，法律适用缘由的阐释也往往较为简单。

最后，阐明权行使的相关制度基础缺失。作为大陆法系国家的一项诉讼制度，阐明是为了克服民商事诉讼程序的放任自由倾向而产生的，是法院诉讼指挥权制度的表现之一，是"法官在诉讼程序的对审性质前提下被

---

① 贺小荣、王松：《法院释明权的方法及其合理限制》，见最高人民法院民商事审判第一庭编《民事审判指导与参考》总第 23 集，法律出版社 2006 年版，第 83 页。
② 李相波：《论法官释明权》（一），见中国民商法律网（http://www.civillaw.com.cn/article/default.asp?id=9477）。
③ 王奕：《释明权研究》，见张卫平主编《民事程序法研究》（第三辑），厦门大学出版社 2007 年版，第 121 页。

赋予的干预审理和保障程序进行的职权之一"①。在当事人因诉讼能力等方面的差异而不能充分、恰当地行使辩论权,进而影响在武器平等原则基础上的攻击防御行为,无法公正解决纠纷时,法官以法律职业者的身份在公平合理、不侵蚀辩论主义的范围内,引导并协助当事人积极完成诉讼行为,实现司法公正。阐明是对辩论主义修正和完善的一项具体制度,对阐明的理解适用当然不能脱离辩论主义的理论基础。我国民事诉讼法"已在一定程度和某些局部模糊地体现了与市场经济体制下当事人意思自治理念相契合的处分权主义理念,但在程序规范中却并未体现与此相应并对法官职权构成程序性制约的辩论主义,几乎没有体现辩论主义的理念"②。

第三节　涉外民商事裁判文书法律适用阐明的完善

　　法律适用是认定事实与裁判结论之间的桥梁,法律适用之准确与否,关乎诉讼当事人实体权利义务的实现程度。涉外民商事诉讼程序的法律适用环节具有极强的特殊性,关涉与冲突规范有关的多个法律制度、法律选择方法的适用可能。法律适用环节体现了涉外民商事法律冲突解决中最为独特的、最具有识别性的法律选择方法,涉外民商事案件可能在内国(域)法、外国(域)法、国际条约、国际商事惯例之间做出选择适用。涉外民商事裁判文书如果对法律适用缘由不做充分明晰的阐释,面对这样的裁判文书,即使是不具备涉外民商事冲突解决知识体系的法律专业人士也可能会对法律适用提出疑问,更何况是作为非法律专业人士的涉外民商事诉讼当事人和社会公众。如果在此情形下,他们欲明了案件适用法律的

---

① 谢文哲:《论法官阐明的理论基础》,载《法律科学》2004年第5期,第48页。
② 傅郁林:《迈向现代化的中国民事诉讼法》,载《当代法学》2011年第1期,第10页。

逻辑推理过程，无疑是一项高强技术难题。所以，加强涉外民商事裁判文书中法官对法律适用的释法说理确为当务之急，具体可以从五个方面入手。

一、确立辩论主义原则

在民商事诉讼程序中确立辩论主义的基本原则，是涉外民商事裁判文书阐明权书写论理的基本理论前提。作为对诉讼程序中当事人与法官之间诉讼地位和诉讼权限配置关系的一种描述，辩论主义界定了民商事诉讼程序中当事人和法院在事实主张、举证和法律适用等不同方面的权利与义务，这在任何民商事司法体制中都是不能回避的话题。涉外民商事诉讼程序同样是当事人诉讼权利义务和法院审判权能的共同作用过程，各种不同程序、各个不同的审判和执行阶段都交织着诉讼权限的配置运用。可以说，当事人与法院的权限分配直接影响着每一种具体的诉讼制度，贯穿于整个民商事诉讼程序的始终，并最终影响当事人实体权利义务的实现程度。阐明即是在古典辩论主义无法绝对保证当事人之间平等基础上的制度完善，阐明是为弥补与修正辩论主义导致的诉讼不公、诉讼迟延等弊端而对辩论主义进行必要限制和补充的结果，因而，被视作保护当事人权利的大宪章。有学者提出辩论主义在当事人主义中的核心地位，并认为我国民商事诉讼实行当事人主义，必须以辩论主义为着眼点和突破口。[①] 我国涉外民商事诉讼程序仅在个别制度上体现出向辩论主义靠拢的趋势。涉外民商事审判的实践表明，尊重当事人程序主体性地位仍然有很长的路要走。确立辩论主义不仅"是一个立法问题，更是一个观念问题、一个思维方式

---

① 汤维建：《市场经济与民商事诉讼法学的展望》（下），载《政法论坛》1997年第2期，第87页。

问题"①。辩论主义的确立和制度完善是涉外民商事诉讼程序法律适用阐明的基本制度支柱。

二、实现当事人权利与法院阐明权之间的平衡

阐明权是法院在民事审判中享有的一种诉讼指挥权,现代社会民商事诉讼制度要求法院的诉讼指挥权必须尊重当事人的诉讼权利,并在此基础上实现二者的合理平衡。在涉外民商事诉讼程序中,各个不同审理环节应否阐明以及阐明的方式、范围和尺度等问题的具体应用随案而异,法官对此必须正确把握。法律适用阐明之行使不应侵犯当事人的处分权利,否则难免重回职权探知主义之制度弊病,从而有悖于阐明制度之设立初衷。正如美国法官欧文·考夫曼所指出的:"我们现在所强调的早期司法干预思想,它是……无数伟大的法律思想家经过不断努力所取得的成就,它促使法官在对诉讼的引导中采取主动之地位。在程序法的领域中,并非一定要坚持古老、自由、放任的诉讼模式,而是要力图平衡当事人个人主动性与法官适当程序控制之间的关系,促进当事人机会均等,以及将当事人不完善的陈述纳入正确的思路,以便更可能地立足于案件的是非曲直以解决争端。"② 我国民商事司法改革中强化当事人程序主体地位的总体思路是对以前民商事诉讼中超职权主义做法的修正,但如果是仅仅单方面缩减法官职权,而同时又未能确立辩论主义和处分权主义,在民商事诉讼的相关制度又不能充分保障当事人的程序主体地位时,被过分"尊重"的当事人就可能因为自身法律知识的欠缺而无法更充分地维护自身权益。

---

① 蔡虹:《释明权:基础透视与制度建构》,载《法学评论》2005 年第 1 期,第 113 页。

② [意]莫诺·卡佩莱蒂:《当事人基本程序保障权与未来的民事诉讼》,徐昕译,法律出版社 2000 年版,第 143 页。

三、促成法官与当事人于法律见解共识的达成

依循商谈理论,法官与当事人之间应在法律观点或法律见解方面达成理解共识。在要件事实的固定过程中,如果诉讼请求与诉讼标的发生变化,法官需要进行法律观点的阐明。根植于当事人程序主体地位的保障,当事人的事实主张应该适用什么法律往往直接影响着裁判结果。为了防止法官不经阐明而径行适用法律对当事人产生突袭性裁判的可能情形,涉外民商事诉讼当事人不仅应该就事实主张进行适当陈述与辩论,而且应该就法律观点进行必要陈述并充分辩论。由此,当事人与法院之间形成共识,以"充分保障其辩论权、证明权,并使其获得补提必要事证之机会,借以更正确、迅速适用法律,达成慎重而经济的裁判"①。我国法院在司法实践中摸索出的判前说理就是法律观点表明的阐明。判前评断或判前说理,即法官就当事人提出的诉讼资料和事实请求,公开法官认定事实以及评断案件、形成裁判的整个思维和逻辑推理过程。其中,法官自由裁量权的行使、法律的缘何适用以及如何适用是最为关键的环节。如福建莆田法院、宁德法院和陕西西安碑林区法院等各地法院广为实行的判前说理,在判决宣告前,案件审判人员将事实和证据认定、法律适用以及法官自由裁量等事项向当事人详细讲述,使当事人充分了解裁判过程,从而增强裁判的透明度和权威性。当然,考虑到法官的办案压力和各种绩效考核指标要求,判前说理的充分程度值得探讨。另外,由于我国缺乏律师强制代理制度,没有律师代理的当事人在面对判前说理时,恐怕仍然难以进行内心意愿的充分表达,更无须论及当事人与法官之间就法律适用展开辩论和探讨。

---

① 许士宦:《民事诉讼上当事人与法院之任务分担——以民事诉讼法之修正为中心》,见社团法人台湾法学会主编《台湾法学新课题》(三),元照出版有限公司2005年版,第85页。

四、明确不当阐明的救济程序

法院阐明旨在保障并实现当事人的程序性主体权利,以实现纷争的一次性解决,防止突袭裁判。"过分地行使释明权不仅使辩论主义受到冲击,而且也可能导致对程序公正的破坏。"① 法院如未能就法律适用问题积极阐明,或阐明范围过度扩张,以致侵害当事人自治权利行使的空间范围而影响辩论主义,则该诉讼程序应被认为存在重大瑕疵,依此诉讼程序做出的裁判,应以违反公正程序为由,允许当事人就法院裁判结论寻求法律救济。对不当法律适用阐明的救济可通过两种途径解决,最为直接有效的是赋予当事人当庭提出异议的权利;如果法官不考虑当事人的异议而仍然自主做出判决,则当事人可以行使上诉请求权,请求上级法院对原裁判结论做出过程中的不当法律适用阐明行为进行重新的审理判断。

五、完善指导性案例制度

除了庭审过程的言辞表现之外,法官对当事人主张事实的认定以及法律适用观点的说明,更经常体现在判决书中的判决理由部分。"判决理由是司法权合理化的最重要的指标,也是法官思维水平的最典型的表现。在学识性、合理性较强的法律体系下,判决书不阐明和论证把法律适用于案件事实的理由是绝对不可想象的。"② 数十年来,学界多有主张建立我国判例指导制度。然而,对于我国这种成文法国家,首先缺乏英美法中的先例传统和理论。其次,如果要建立和应用判例指导制度,还需要明确一系列问题:具有指导性的判例如何判断?是否以法院级别确定?原则上高级

---

① 蔡虹:《释明权:基础透视与制度建构》,载《法学评论》2005年第1期,第113页。

② 季卫东:《法治秩序的建构》,中国政法大学出版社1999年版,第229页。

人民法院和最高人民法院审理的涉外民商事案件相对复杂，这些案例是否都具有英美法的先例性质而能够指导审判实践？

近年以来，我国各级法院尤其是高级人民法院和最高人民法院对裁判理由的书写日益重视。在涉外民商事裁判文书中，关于事实认定和法律适用之间的逻辑思维和推理过程的阐释大都显现出法官的专业素养和缜密思维。然而，曾经有一段时期，"即使有详尽的判决理由，但多数裁判文书的法律推论却还是显得不足。最高法院在这一点上做得也不理想，在一些带有创法性质的判决中，也往往就事论事"①。法院应根据案件情况，以法律方法的逻辑思维和推理过程指导法官的判断过程，综合运用法律解释、法律论证等方法，就案件事实认定、证据提出、举证责任分配、证据真伪不明时的裁断方法、法律适用的缘由、对法律规范的解释等诸多问题，在裁判文书中进行充分而透彻的论证，并根据诉讼的具体情境调整其论证和阐明策略，使裁判结论能获得当事人最大程度的认同和接受。

截至 2020 年 1 月，最高人民法院已经公布了 24 批指导性案例，代表了多年来司法改革努力的初步成果。不过，在公布的指导性案例中，关于涉外民商事纠纷的案例尚不超过 10 例。除了 2019 年 2 月最高人民法院发布的 6 个涉"一带一路"建设的指导性案例之外，其他几个涉外民商事指导性案例在法律适用的阐明方面的典型代表性并不充分。涉外民商事纠纷的复杂性以及各级法院审案中涉外民商事纠纷数量相对较少的因素均有助于解释这一现象，但上述情形并不能成为涉外民商事案件法律适用阐明说理不足的充分理由。涉外民商事案件法律适用的特殊性，决定了在涉外民商事案件的裁判中更应强调法律适用之阐明说理。无论从司法改革要求加强裁判文书释法说理之现实需要，还是从判决承认与执行对当事人权利真正实现的纠纷解决之终极目的而言，涉外民商事诉讼程序法律适用的充分阐明都实属必要。

"包括法院在内的每一个机构，都必须不断地重新赢得公民的信心，

---

① 解亘：《案例研究反思》，载《政法论坛》2008 年第 4 期，第 9～10 页。

而这只能通过对决定进行证立来进行。决定必须给出理由，公民信任的是理由，而不是决定本身。于是，今日全世界范围的法律理论都对法律解释和法律论证感兴趣便不足为奇了。"① 涉外民商事裁判文书对司法权威之彰显、社会认同之获得这些价值的实现，皆有赖于法律适用理由的充分解释论证。涉外民商事裁判文书中的法律适用阐明应对应于法律争点、法律适用理由及援用的法律条文，借由专业、理性的法律语言，实现当事人与法官之间法律适用上的理解一致，实现当事人之间充分的攻击防御，防止裁判突袭，提升司法效率。

---

① Aleksander Peczenik. *On Law and Reason*. Boston：Kluwer Academic Publishers，1989，Introduction，p. 6. 转引自姜福东《法律论证的定位问题探析》，见陈金钊、谢晖主编《法律方法》（第七卷），山东人民出版社2008年版，第262页。

第五章 可接受性视角下的涉外民商事裁判文书释法说理

生活只有在不同的、充满差异性的视点和方面同时在场的条件下才会呈现自身，生活中的不同的个人总是处在不同的位置上来看和听，它是以差异性和多样性为前提的，因而无法被还原到同一性的前定本质或先验原理。

——汉娜·阿伦特[1]

---

[1] ［德］汉娜·阿伦特：《生活和私人生活》，见汪晖、陈燕谷主编《文化与公共性》，生活·读书·新知三联书店1998年版，第88页。

裁判文书不仅具有形成并创设规则的功能，且说理充分、精当的裁判文书更是涉外民商事法律制度价值体系框架构建中的重要因素。涉外民商事裁判文书书写者对有关文书字词的使用、逻辑推理等，无一不在传递着法律职业共同体的法律观念和职业理性，裁判文书的语句和措辞无不渗透着法律职业共同体对法律原则信仰的理解，无不宣扬、阐发着职业共同体的法律意识形态观念。① 涉外民商事裁判文书需要社会沟通与共识理论的支撑来体现其司法权威与说服力。法官裁判文书是法律逻辑思维的最终产品，是逻辑理性的结晶，代表着共识和法律共同体的理解、接受和认可。

第一节　法律商谈与裁判文书的可接受性

一、自交往理性至法律商谈

在人类社会的存续发展中，社会矛盾和冲突情势削弱了社会存续和发展的根基。激烈的社会冲突对社会共同体的稳定秩序造成了冲击和危害，对这一问题的解决成为社会向前发展的永恒动力。在多元社会中，消弭分歧与制造和谐的旨意使得社会成员对某些规范规则及核心价值体系的共同信奉成为必然之选。对规则与程序的共识，不仅大大降低了纷争解决的原始暴力方式，而且在相当大的程度上增进了社会成员间合作的概率。由分歧到有理由的论证、对话，共识在社会个体成员间、个体成员与社会全体间制造认同感、同一感，从而维护成员间的有效合作，维系并巩固社会公共秩序。

---

①　法律意识形态是指由具有一贯性和逻辑性的表达、认识以及主张所构成，并赋予规范秩序以根本性意义的关于法律的价值体系和信念体系。季卫东：《论法律意识形态》，载《中国社会科学》2015年第11期，第128页。

"一个探索者在任何领域中的工作总是从创造该领域中的语言和概念开始。"① 以语言在社会秩序演进中的至关重要性为基础,哈贝马斯认为语言中存有以彼此理解基础上达成共识为取向的理性维度,即交往理性。正当性的法律是立基于理性共识基础上的②,主体间通过语言交往的理性辩论,提供理由说服对方而达致彼此理解。如此,基于交往行为理论,哈贝马斯提出了法律商谈,即为达成相互理解和一致共识而进行的论辩。

在哈贝马斯的法律商谈理论下,"每一种行动规范的有效性一般来说都取决于那些作为相关者而参加合理商谈的人们的同意"③。参与商谈的人人具备交往理性能力,"既要讲理,也要以不同方式讲理,也知道在讲理的过程中,虽然特定时间地点提出的理由总有特定时间地点等方面的局限性,但知道这些局限性是随着交往的继续将来是有可能突破的"④。在价值多元化的现代社会,"不同价值和利益诉求的并存、交错、互动、组合",势必"意味着人们交往和商谈的行为以及相应的沟通程序具有越来越重要的意义。只有按照程序公正原则构建对话环境,才能不断通过自由地探讨,使原理以及道德判断正当化的适当理由,在多层多样的语境中丰富对话内容,实现思想认识上的推陈出新,并就公平正义达成共同的立场和态度,才能在公共事务的讨论和决策中找到最大公约数,进而实现社会价值体系的整合"⑤。

---

① [美] E. 霍贝尔:《原始人的法》,严存生等译,贵州人民出版社1992年版,第17页。
② [德] 尤尔根·哈贝马斯:《在事实与规范之间:关于法律和民主法治国的商谈理论》,童世骏译,生活·读书·新知三联书店出版社2003年版,第141页。
③ [德] 尤尔根·哈贝马斯:《在事实与规范之间:关于法律和民主法治国的商谈理论》,童世骏译,生活·读书·新知三联书店出版社2003年版,第194页。
④ 童世骏:《理性、合理与讲理——兼评陈嘉映的〈说理〉》,载《哲学分析》2012年第3期,第10页。
⑤ 季卫东:《论法律意识形态》,载《中国社会科学》2015年第11期,第144~145页。

二、法律商谈下裁判结论的可接受性

"在理性交往中,人们通过辩论来为自己的命题进行辩护,并在辩护中给自己的行动提供理由。但是这个理由没有给自己提供直接的行动规范,也没有告诉自己如何行动,而是要通过理由来说服别人。通过这种辩论,人们可以就某种道德和法律规范达成一致意见。"[1] 商谈在平等主体间通过公共辩论而展开,不容任何有损参与者之间平等性的外在或内在强制形式的存在,商谈参与者仅以论证、论据之间相互支持的充分程度作为接受对方观点的判断标准。

在涉外民商事诉讼程序中,法官行使专业的、技术性超强的、独断性的司法权,以法律思维寻找纷争解决的正确方法,尊重法律的客观性和规则要求。然而,现代司法民主理念又对法官的独断司法权提出了一定的挑战,尤其是在价值多元化的现代社会,欲实现裁判结论对诉讼当事人事实上的约束力乃至社会公众对裁判结论的普遍认可,法官需要在其独断的司法权行使中加入当事人的论辩。正如哈贝马斯所言:"'正确性'意味着合理的、由好的理由所支持的可接受性。"[2] 如此,欲使得自己做出的裁判正确,法官在裁判过程中就应注入更大程度的论辩思维,增加与当事人商谈辩论的机会,并以精准的用语对裁判结论形成的整个过程进行充分的论证说理——"法官的裁判除了符合法律之外,还要符合正义并且承认制度与实践之间存在着互动关系"[3]——以实现裁判结论的合理性及可接受性。

---

[1] 王晓升:《从实践理性到交往理性——哈贝马斯的社会整合方案》,载《云南大学学报》2008 年第 6 期,第 35 页。

[2] [德]尤尔根·哈贝马斯:《在事实与规范之间:关于法律和民主法治国的商谈理论》,童世骏译,生活·读书·新知三联书店出版社 2003 年版,第 278 页。

[3] 陈金钊:《法律解释学的转向与实用法学的第三条道路》(下),载《法学评论》2002 年第 2 期,第 17 页。

商谈过程使得法官独断的司法权得以部分消解，民意因此进入司法过程。在商谈过程中，法律自始本有的确定性与正确性之间的紧张关系也得以部分缓解。借由诉讼程序中论辩规则及法律商谈实践的程序性规则（尤为重要的是诉讼参与原则）的作用，法律商谈的司法民主性得以展现。"使审判区别于其他秩序形成原则的内在特征，在于承认审判所作决定将对之产生直接影响的人能够通过一种特殊的形式参与审判，即承认他们为了得到对自己有利的决定而提出证据并进行理性的说服和辩论。"[①]

第二节 裁判可接受性与涉外民商事裁判文书释法说理

一、法律商谈于涉外民商事诉讼程序之必然与可行

在涉外民商事诉讼中，各个不同的参与者之间存在着显见或隐形的利益冲突，不同利益主体对不同事项乃至同一事项的认识必然存有差异。而诉讼程序正是纠纷解决在法律制度层面的共识场域，这一场域以有形的、共同认可的诉讼规则、法律价值体系和诉讼制度悄然消融、平衡不同诉讼参与者激烈的利益主张。法律商谈指导的诉讼场域是参与者共识形成的生存空间，通过"采取让相关各方都能理解和认可的普遍性话语来重新定义利益问题，并为不同的利益诉求和原理提供表达、竞争、论证、说服、达成共识的机会"。相互平等的论辩和理解消解了场域中的利益分歧，校正了失衡的利益格局，并同时创设、维系和整合再次平衡基础上的新的利益

---

① Lon Fuller. "The Form and Limits of Adjudication". *Harvard Law Reviews*, 1978, 92, p. 364.

格局，从而"激活法律运行的机制"①。

事实上，交往理性学说在我国也可以找到印证。我国儒学大家梁漱溟先生认为，中国是"理性之国"②，"中国人最爱讲理"③。理性是人类进步的标志，社会秩序正是由理性慢慢建构和维持的，是通过磋商获得共识，"是从理性上慢慢建造成的一个秩序，仿佛是社会自有的一种秩序，而非从外面强加上去的"④。社会秩序能自然地维持正是中华文明的长处，而这种维持的力量主要可以分为教化、礼俗和自力，这三者都是人类理性的组成部分。⑤ 作为裁判做出的考虑因素，"理"是我国古代法官常用的裁量标准。"每事以理开晓，以法处断。"即裁判是基于人之常理或基于理性而做出，法官依法裁判案件，然而必须经过说理环节，才能得出结论。理作为一个独立的概念，在多种情形下用于司法推理，意味着在前提假设和最终结论中间构建一个合乎逻辑的、必然的联系。⑥ 尽管梁漱溟先生没有对讲理的方法做出系统的阐述，也没有对讲理的态度做出系统的阐述，但是，发挥中国的理性传统，克服中国的理性弱点，并且在经济全球化、文化多样化的背景下与各国人民一起伸张人类理性、实现理性王国，并让每个人，尤其是对别人生活有大影响的人，尽可能明确讲理的责任、提高

---

① 季卫东：《论法律意识形态》，载《中国社会科学》2015年第11期，第128页。
② 梁漱溟：《中国——理性之国》，见《梁漱溟全集》（第4卷），山东人民出版社1991年版。
③ 梁漱溟：《中国文化要义》，见《梁漱溟全集》（第3卷），山东人民出版社1990年版，第241页。
④ 梁漱溟：《乡村建设理论》，见《梁漱溟全集》（第2卷），山东人民出版社1991年版，第313页。
⑤ 干春松：《梁漱溟的"理性"概念与其政治社会理论》，见中国社会科学网（http://www.cssn.cn/zhx/zx_zgzx/201809/t20180918_4562320_2.shtml? COLLCC = 3460064317&）。
⑥ ［英］马若斐：《南宋时期的司法推理》，陈煜译，见徐世虹主编《中国古代法律文献研究》（第七辑），中国政法大学出版社2013年版，第326～343页。

讲理的能力、强化讲理的意愿①，正是我们社会中人交往决策的行为规则。"法律规范的社会有效性，是根据它们得到施行的程度，也就是事实上可以期待法律同伴的接受程度。"②

"法官获得判决的过程应当是一个与两造双方共同辩论、共同发现法律的过程，是一个对话、商谈的过程。在这一过程中，法官在提出自己主张的同时也要反驳相反的主张，并且这一过程不仅反映在其法律思维的过程中，而且应当体现在法律思维的载体——判决书的制作上，即强调法律结论的得出过程是一个不断的说理过程。"③ 涉外民商事裁判过程，实即法官与当事人共同就事实问题与法律适用等进行不断的对立、排斥、消解、融合的沟通商谈过程，裁判结论是如何做出的，法官应对此进行充分的说理论证。

涉外民商事诉讼是解决涉外民商事冲突的一种基本方式，自始至终都交织着当事人主体意志和法院意志的截然分立同时又合力作用的两个对抗又合作的力量。法院以公权力处理私人纷争，公权意志和私权意志之间、私权意志相互之间既对抗又合作。所以，我们需要考虑的是：在诉讼场域内，如何释放约束私权主体处分其利益的自由意愿？在诉讼场域内，又如何释放作为公权主体的法院的审判调处、指挥诉讼的权力？法院和当事人都是诉讼场域的参与主体，基于其程序主体地位，理性的涉外民商事案件当事人有权自由行使、处分其诉讼和实体权利以实现自己的目的。然而，我们需要考虑的是：在释放其程序主体意志的同时，如何抑制自由意志支配下的任意性目的的非理性行为，以解决当事人的个体理性之间以及法院与当事人等诉讼参与主体相互之间形成的共同理性的基本矛盾？如何实现

---

① 童世骏:《理性、合理与讲理——兼评陈嘉映的〈说理〉》，载《哲学分析》2012年第3期，第195～196页。

② ［德］尤尔根·哈贝马斯:《在事实与规范之间：关于法律和民主法治国的商谈理论》，童世骏译，生活·读书·新知三联书店出版社2003年版，第36页。

③ 范春莹:《法律商谈理论对司法权力独断的消解》，见陈金钊、谢晖主编《法律方法》(第25卷)，中国法制出版社2018年版，第171页。

当事人与法院之间的关系平衡？如何在充分尊重涉外民商事诉讼当事人的程序主体地位及自由处分意愿的同时，又能使得当事人权利的行使受到合法约束？如何使得法院在依法行使裁判权的同时，又能实现裁判结论在最大程度上获得当事人的完全理解和充分认同？如何实现诉讼参与者的相互理解或达成共识，重塑涉外民商事诉讼当事人之间被破坏的社会秩序？如何确立裁判文书的合法性基础，提高裁判的可接受性？哈贝马斯的交往理性方法论通过诉讼参与主体间的言语性交往行为而实现理解共识，从而避免了诉讼实质性沦为诉讼参与人出于自利目的而不得已进行合作的形式上的结合体，商谈因此而成为重构诉讼秩序的正当依据。

"交往行为所涉及的是至少两个以上具有言语和行为能力的主体之间的互动，这些主体使用（口头的或口头之外的）手段，建立起一种人际关系。行为者通过行为语境寻求沟通，以便在相互谅解的基础上把他们的行为计划和行为协调起来。"① 涉外民商事诉讼参与者之间在诉讼场域内以言谈对话作为交往行为方式，旨在通过交往者（诉讼参与者）之间的商谈行为而达成相互理解并寻求意志共识，包括事实认定的共识、法律适用的共识。自诉讼起始的诉请主张提出至法院做出裁判结论的整个诉讼进程中，涉外民商事诉讼参与者无数次面临着对其他参与者主张的接受或反驳的互动磨合、于循序往复的互动回应中，观点之间的摩擦碰撞，不仅体现出各自的主体性，并且相互承认对方的主体性，通过主体视角的转换达到"视域融合"。

理解和共识的达成是交往行为的终极目的，欲获致共识则需首先具备理想的商谈环境，理想的商谈环境是诉讼参与者交往的预设和论辩规则，是信息对称的、包容的参与者自愿加入的基础，它排斥任何有损参与者之间平等地位的内在强制，参与者论证与论据的是否充分是衡量其观点能否获得接受的唯一标准。涉外民商事诉讼程序的理想商谈环境意味着诉讼参

---

① ［德］尤尔根·哈贝马斯：《交往行为理论：行为合理性与社会合理化》（第一卷），曹卫东译，世纪出版集团、上海人民出版社2004年版，第84页。

与者的主体地位平等。尽管法院代表国家行使审判权力,然而,其权力行使范围却仍然受涉外民商事纷争当事人诉讼权利尤其是诉讼标的的制约。诉权与审判权并无高下主次之分,而是同立并行、紧紧追随的"孪生兄妹"。当事人借由诉权而引发涉外民商事诉讼,依据程序主体地位,当事人在诉讼程序中获得自由处分其诉讼权利和实体权利,从而决定涉外民商事诉讼的审理范围和裁判走向。涉外民商事纷争当事人自行决定是否通过诉讼解决其间争议,从而决定是否参与涉外民商事诉讼的交往合作。在诉讼进程中,既有自愿的单方行为,也有与其他参与者之间的共同交流、对话行为,在诉讼参与意识和合作意识的激发下,每个参与者"有平等的机会彼此施加影响,并同时为所有的利益创造大致平等的实施机会"①。在整个涉外民商事诉讼进程中,当事人自己做主并共同做主,从私人空间的自己做主达成裁判形成的公共空间的共同做主。平等民主的诉讼场域自然创生出合法、合理商谈结果的公平裁判。

有效交流得以开展的交往资质也是涉外民商事诉讼程序理想言谈情境不可或缺的重要因素。交往资质是"以相互理解为取向的言说者把完美构成的语句运用于现实之中,并使两者相吻合的能力"②。诉讼交往行为经由言语行为表现出来,诉讼参与者交流对话的交往资质实即交往者的心智能力、言语资质、反思能力。如此,平等的交往主体在理想的言谈情境中交流,并建立起解释、理解、评价、接受、认同直至共识的诸多主体,在参与中表达观点和利益立场,进行交涉、说服、辩论协商而终至于达成理解共识。

在以商谈指导的涉外民商事诉讼进程中,主体间开放性的理性辩论替代了法官单一主体的独自操纵和管控。"引导对话的是问题的内在逻辑,

---

① 马剑银:《通过公共领域的立法民主——商谈论视角下的立法过程模型》,载《清华法治论衡》2009年第1期,第81页。
② 高鸿钧等:《商谈法哲学与民主法治国》,清华大学出版社2007年版,第27~28页。

而非主体或客体的单方面意向，对话的结果既不是主体对客体的消融，也不是客体对主体的吞噬，而是'对话共同体'的形成以及存在意义的生成和丰富。"① "在理性交往中，人们通过辩论来为自己的命题进行辩护，并在辩护中给自己的行动提供理由。但是这个理由没有给自己提供直接的行动规范，也没有告诉自己如何行动，而是要通过理由来说服别人。通过这种辩论，人们可以就某种道德和法律规范达成一致意见。"②

二、法律商谈于涉外民商事诉讼程序的具体样态

依托辩论主义和处分权主义，涉外民商事诉讼程序的开始和行进皆由当事人主导。在诉讼进程中，当事人处分其诉讼权利和实体权利，法院在某些诉讼环节行使其诉讼指挥权，以确保当事人权利行使的场域始终处于既定诉讼程序的限定范围内。一般而言，诉讼当事人之间、当事人与法院之间各自权利（力）行使的界限较为清晰，法院通过诉讼指挥权引导当事人争辩双方的诉讼行为，当事人双方自行决定是否做出某种诉讼行为并承担其行为后果。"审判的本质要素在于，一方面，当事者必须有公平的机会来举出根据和说明为什么自己的主张才是应该得到承认的；另一方面，法官做出的判断必须建立在合理和客观的事实和规范基础上，而这两个方面结合在一起，就意味着当事者从事的辩论活动对于法官判断的形成具有决定意义。"③

然而，在时代发展中，传统竞争型诉讼已为协同型诉讼所取代。在现代型诉讼场域中，当事人双方截然对立、法官依职权居高裁判的传统诉讼样态已然发生改观，诉讼进程、法院裁判是在其他诉讼参与人的参与下进

---

① 贺来：《辩证法与实践理性》，中国社会科学出版社2011年版，第151页。

② 王晓升：《从实践理性到交往理性——哈贝马斯的社会整合方案》，载《云南大学学报》2008年第6期，第35页。

③ ［日］棚濑孝雄：《纠纷的解决与审判制度》，王亚新译，中国政法大学出版社2004年修订版，第256页。

行的，裁判结论是法官与当事人合力作用的结果。诉讼进程是法官权力与当事人权利既对立又合作的过程。无论是关于诉辩主张与证据资料的提交和质证辩论、对争点的确定、案件事实的认定，还是关乎法律问题的疑问或见解，其间既有当事人相互之间的协力合作①，又有当事人与法院之间的分工合作，如经当事人请求时，法院应依职权进行调查取证。事实认定和法律适用都是作为诉讼主体的法官与当事人在诉讼交往中通过言语行为达成共识的结果。如果说当事人行使程序处分权提请诉讼是涉外民商事审判程序的起点，裁判共识则是涉外民商事审判程序的终点。在诉讼进行中，法官行使证据审查权、指挥辩论权、诉讼指挥权，为当事人提出诉请主张和质证辩论提供开放、平等的"理想言谈情境"，实现裁判过程的当事人充分参与和充分论辩，从而形成裁判共识。在充分的参与论辩下，涉外民商事诉讼的参与者形成自己的价值判断，并在妥协磨合、沟通交流中形成所有程序参与者的共识判断。共识判断的外在强制和内在遵从并非任何官方行为或法官单方面做出的裁断所能够比拟的。

当事人之间、法官与当事人之间在诉讼中表达己方主张、听取对方主张并表达质疑、反驳或接受、认同，在不断往复的主张、质疑、驳斥、说服等行为中实现与对方观点之间的协调一致。其间，程序主体性地位和武器平等原则赋予当事人以诉讼主体之间平等对话和交流的权利。由于当事人之间实质诉讼能力的差异，包括在接收和采集有效证据信息的数量和种类，理解证据信息的正确性和深刻性，处理、传输、接收信息的速度，以及转换和再造信息的预见性和创造性等方面的差距，当事人之间难免存在诉讼资料准备不充分、不完备、法律适用存有疑问等情形。法官应就事实问题和法律适用问题向当事人妥为阐明、公开心证，弥补当事人之间的实

---

① 指涉外民事诉讼程序中当事人之间的协力合作，例如，一方当事人主张的而为另一方当事人所掌控的证据的出示提交、当事人协议选择管辖法院或某适用法律、当事人之间对协议一致的主张及对选择法律的查找、证明。当事人的协力合作义务如《民事诉讼法司法解释》第一百一十二条、《民事证据规定》第四十五条所规定的内容。

质诉讼能力差距。如此，因其充分顾及了纷争当事人的参与和意见表达，并对其意见进行反馈回应，则依正当程序场域的商谈指引所获致的裁判结论也因此触及并暗合了当事人的心理预期，因而，依商谈指引所获致的裁判结论也在同一层面满足了社会公众对程序公正下尊重自由表达的心理预期，裁判结论的合法、正当自得其所。

三、可接受性与公众对涉外民商事裁判文书心理预期之契合

现代社会法院的职能不只应该是定分止争，而且更多负担着现代型诉讼的审理、权力制约、参与公共政策的制定等职能。司法事务更多地和公众利益相互关联，当事人和社会公众的心理服判极为重要。心理服判即诉讼参与者对程序的运行及最终裁判结果的肯定和认同，是对充分顾及参与者权利和经实质性理性交往论辩而做出的裁判结果的认可。

"法律裁判的正确性的衡量标准，说到底是裁判过程对那些使公平判断成为可能的交往性论辩条件的满足程度"①，正确性意指论证是有合理依据支持的、可接受的。法官与讼争当事人之间、当事人相互之间进行合理商谈，以论证规范社会构造的陈述条件是否得以满足、论证规范对于纷争是否具有情境相关性。在哈贝马斯的理论中，司法就是"合作地寻求真理的论辩过程"②，事实与规范之间的内在紧张关系在此以"法的确定性原则和对法的合法利用（即做出正确的或正当的裁判）之主张这两者之间的张力"③ 而表现。其中，建制化的司法程序为这一论辩过程提供了一个

---

① ［德］尤尔根·哈贝马斯：《在事实与规范之间：关于法律和民主法治国的商谈理论》，童世骏译，生活·读书·新知三联书店出版社2003年版，第282页。
② ［德］尤尔根·哈贝马斯：《在事实与规范之间：关于法律和民主法治国的商谈理论》，童世骏译，生活·读书·新知三联书店出版社2003年版，第280页。
③ ［德］尤尔根·哈贝马斯：《在事实与规范之间：关于法律和民主法治国的商谈理论》，童世骏译，生活·读书·新知三联书店出版社2003年版，第244页。

不为非理性因素干扰的商谈空间，在这一理想的言谈空间，在遵循商谈内在逻辑的前提下，法官与当事人之间、当事人相互之间提出的种种有效性主张，凭借参与者自身的论辩实践及其论辩质量而得到部分或全部实现。讼争双方和其他诉讼程序参与者确信，经由无强制同意的公平商谈程序，"他们能够得到的是能够根据有说服力的理由支持的结论。确定性的信念在于这个法律适用的程序，而不在于某个特定的结果"[①]。如此，法律的确定性和正确性之间的内在紧张关系便随着参与程序的正当进行得以化解。涉外民商事诉讼程序通过单个自由的程序参与者对各自自由的自我限制并认可彼此的自由可能而实现商谈、理解共存的可能，且在此交往共存中获致共识及各自权利的现实化。

涉外民商事诉讼当事人对诉讼进程的主导和充分参与，给予当事人充分的听审论辩机会以处分其自身利益。当事人的充分参与有助于在利益驱动最大化的前提下对事实真相进行发现，以及对各自行为的期待和认识判断。经相互间的不断磨合妥协，当事人从认识不一致而调整到达成一致，最终形成各个主体都满意的共识结果。这样的涉外民商事诉讼进程是各个参与主体共同努力、合力协作、共同致力于理解一致的皆大欢喜的诉讼程序，诉讼参与主体在诉讼进程中通过交往交涉行为达成事实认定和法律适用的合意，法官依此做出裁判结论，裁判结论实即以外化的、文书形式的裁判表征着、彰显着与裁判内容相吻合的当事人内在意愿。在依商谈理论指导的涉外民商事审理程序中，程序推进及裁判结果并非司法机关的独断使然，而是当事人之间、当事人与法官相互之间平等地沟通商谈的过程展现和结果达成，当事人依其意志在程序规则的合法幅度内进行着某种意义的自我限制、自我立法，形成与对方当事人、与法官之间的共同意志或曰重叠共识。如此，法院裁判是在当事人实质参与诉讼程序并平等对话的前提下做出的，当事人即是裁判结论的创制者，当事人自会于其内在服膺裁

[①] 高鸿钧：《商谈法哲学与民主法治国——〈在事实与规范之间〉阅读》，清华大学出版社 2007 年版，第 162 页。

判内容、认可裁判的法律效力,而无须依凭传统国家力量或社会约束等外力施压而实现裁判效力。涉外民商事诉讼程序既是以当事人为代表的社会公众行为方式和心理需求的投射映像,同时,审理环节和裁判结论又在一定程度上支持、印证或否定、重塑社会公众的内在呼求和外在表象。在此商谈过程中,在司法审理程序的场域内,传统意义上的法律规范创立者与法律规范接受者之间截然对立的界限有了一些消解,当事人不再会表现出其在传统审理模式下表现的对法律规范的抗拒与否认,而是以实质参与者的身份对事实认定、法律适用乃至裁判结论表现出相当自发的接纳与认同。当然,当事人对裁判结论的这一接纳认同行为实质乃是对商谈程序服从的内生化反应。借由法官的阐明协助,涉外民商事诉讼当事人的程序主体地位得以充分发挥。在诉讼进程的各个诉讼环节,当事人实质性地参与意见,在与对方当事人及法官的多次挑战、互动与磨合中逐渐达成一致共识。裁判文书对权利义务的书写文字也应回应并昭示当事人的意愿与共识。

在涉外民商事诉讼程序中,提供法律自洽性的裁判是法官的职责所在。而做出法律自洽性的裁判则需要制度规范的建构,在此程序场域内,"程序的参与者能够相互提供与特定案件相关的最为充分的事实方面和规范方面的信息,因此也能够在最为充分的信息的基础上,对于特定案件的事实问题做出最接近真相的判断,对于特定案件的规范问题能够做出最符合实体法核心意旨并最符合特定案件之事实的适用方案,因此裁判才具有唯一确定性——对最符合特定案件真相的事实,进行最符合该事实的规范适用"[①]。在此程序场域内,当事人有充分机会提供并补充诉讼资料,从而能进行充分的事实论证,法官也得以据此判断当事人论证之真伪,并将其对事实问题的判断结果告知当事人,当事人可对法官的判断结果予以异议、辩论,如此对事实问题的认定判断得以依此形式循环回复直至达成一

---

① 段厚省:《诉审商谈主义论纲》,载《上海交通大学学报(哲学社会科学版)》2011 年第 5 期,第 23 页。

致、形成认知共识。① 同理，当事人之间以及当事人与法官相互之间对纷争的法律适用问题也形成上述循环追问模式，并最终形成法律适用上的一致共识。

　　法律制度的有效遵行除了制度设计必须合理且符合现实需要之外，制度内容与社会公众的预期和心理需求的一致性也不可小视。"法律规范的社会有效性，是根据它们得到施行的程度，也就是事实上可以期待法律同伴的接受程度。"② 适用法律规范于个案事实而做出的裁判文书实质上也是另类形式的法律规范，是将静态的法律规范动态化为活生生的法律，将抽象一般的法律规则个别化、具体化的具象表现，是法律制度在社会生活中的下落、舒展与稀释，是刚性的法律规则软化融入形状万象的社会生活的过程。裁判的合法有效不只是正确的法律规范得以适用并被遵照执行的显形表象，其隐性的、难以察觉的则是当事人和社会公众对裁判的心理认同与内在接纳。唯有将裁判内容内化为当事人和社会公众的思想血脉，才能避免出现生效裁判被当事人和社会公众抗拒、漠视而实质规避的现实境遇，裁判的可接受性也才能够真正实现。从某种层面而言，裁判为当事人和社会公众真正接受，也是检验司法制度设置与运作机制是否符合社会生活事实的积极肯定性评价指标。"法律一旦化成接受者的自觉行动，就会变为巨大的物质力量。"③ 法律由此内化为规范接受者的无意识行为，潜移默化为自生自发的内部规则。自法律规范的创制至认可、接受的整个过程，实即法律规范在立法者与接受者之间的互动沟通过程。法官在其间充当桥梁媒介，借助以阐明权代表的诉讼指挥权，法官专业、理性地将立法者意欲表达的信息传递给当事人，并在信息传递的同时，以专业身份解读信息内涵，提示并回应当事人对实体、程序、法律适用问题的疑虑和不

---

　　① 洪汉鼎：《诠释学——它的历史和当代发展》，人民出版社 2001 年版，第 39 页。
　　② [德] 尤尔根·哈贝马斯：《在事实与规范之间：关于法律和民主法治国的商谈理论》，童世骏译，生活·读书·新知三联书店出版社 2003 年版，第 36 页。
　　③ 胡平仁：《法律接受初探》，载《行政与法》2001 年第 2 期，第 90 页。

解，经由反复的协商、磨合，在当事人对事实问题和法律问题的回应与法律规范意欲表达的主旨相一致时，"共识"便自然而然地形成。由此，法律规范自身的规范效果也自然会为当事人所遵行。

四、可接受性与我国涉外民商事诉讼程序之重塑

"裁判书的制作意味着书面上的应然法律开始真正走向生活中的实然秩序。"[①] 涉外民商事裁判文书是法官适用、解读法律，并为以过去事实为规范对象的法律注入符合时下现实的新含义。"美国《宪法》之所以在保持几百年没有大变化的同时能一直跟上时代的步伐，就在于一个个具体的宪法裁判不断地对之赋予新的内涵，所谓'法律'的源头活水不在法律条款的文字，而在司法解释、法治实践以及整个法制传统所根植其中的价值理念。"[②] 在一定程度上，涉外民商事裁判文书乃法律秩序自理想状态走向真实状态的连通器，通过裁判文书的文字解读，法律从文字层面走入生活场所，恢复并创建新的社会秩序。涉外民商事裁判结论的正当与否、是否能真正为诉讼当事人和社会公众接受认可，不仅视其所适用的法律规范本身具有的正当性，而且要看容许该等法律规范适用施展的程序机制设置是否足以实现该等法律规范预设的正当价值。换言之，该等法律规范发挥其立法预设功能的对话环境和司法场域是否提供了充足的程序保障机制，以确保商谈对话主体之间的平等机会、充分表达乃至达成一致共识。

曾经在很长的一段期内，我国涉外民商事诉讼奉行职权主义诉讼模式，当事人的程序主体地位未能得到充分彰显和弘扬，当事人对诉讼进程推进的主导没有得到充分体现，司法机关主控着诉讼进程。司法机关"把

[①] 黄金兰、周赟：《判决书的意义》，载《法律科学》2008年第2期，第15页。
[②] 何家弘：《司法公正论》，载《中国法学》1999年第2期，第11页。

社会主体当作法律调整的对象，而忽视其主体地位"① 的心理优势，导致裁判过程尤其是裁判结论的做出完全成为司法者的单方意志表达行为，有时会出现有裁判而无裁判认同、有裁判行为却无当事人意志参与的尴尬局面。有的司法机关因"过分地追求裁判书的统一格式，导致的结果是裁判书的制作变成了类似语文中的填空作业"②，致使裁判文书无论在事实认定和法律适用中如何具有形式上的合法性，终因平等的民主商谈过程的欠缺，而无法在当事人和社会公众中产生对裁判文书的心理认同。涉外民商事诉讼的讼争双方采取各种策略性的诉讼行为方式和辩护技巧，以获取己方胜诉为终极目的，明显体现出司法过程的工具理性特征。表现尤为突出的是在法律适用阶段缺乏商谈共识，有的涉外民商事裁判文书的法律适用释法说理极其简单、论理严重不足，当事人对涉外民商事裁判释法说理之不满而造成上诉申诉案件大量增加，裁判文书未真正为当事人心理上接受和认可，一些涉外民商裁判实质上造成了有裁判而无裁判认同、有裁判行为却无当事人意志参与的法官独断司法权的裁判结果。涉外民商事纠纷法律选择方法以及裁判承认与执行等司法协助问题之特殊性，均对涉外民商事裁判文书的释法说理和裁判的可接受性提出更高要求。法院裁判应积极能动地回应社会公众的司法需求，沉着从容面对域外同行专业、严格的裁判承认与执行审查，使裁判的可接受性成为整个社会稳定的行为期待。这些目标的实现尽管依然有漫长的路要走，然而并非遥不可及。欲使裁判结果或裁判理由获得较高程度的可接受性，从而提升裁判实质上的正当性，可借助于商谈共识原则对民商事诉讼程序包括涉外民商事诉讼程序进行调整，尤其是诉讼构造方面的调整，包括当事人程序商谈的获得、商谈权利的充分行使、商谈程序的合理设置及补救机制等。

---

① 秦志凯：《论法律接受机制与影响因素》，载《淮阴工学院学报》2005年第2期，第29页。

② 黄金兰、周赟：《判决书的意义》，载《法律科学》2008年第2期，第18页。

（一）确认当事人的程序主体地位

涉外民商事诉讼程序主体性意味着当事人得自主决定案件的审理对象，自主提出证据，并通过质证辩论进行富有实质性内容的对话沟通。当事人依其意愿自主行为，自然对其自主行为产生的相应后果表现出更大的心理认同，依此进行裁判则裁判结论会最大可能地契合当事人自我解决的内在追求。当事人的程序主体性须通过充分平等、理性的程序参与而真正实现，当事人实质性参与程序中的沟通交流、交换信息，对诉讼结果产生积极影响，从而认同诉讼结果，经由程序参与，通过当事人权利行使的正当实现裁判结果的正当。程序主体实质性参与程序审理正是商谈共识的应有之义。有的学者认为，仅凭借民商事诉讼法的具体规则，难以保障民商事诉讼当事人基本诉讼权利的实现，提供理想商谈情境的制度保障并非民商事诉讼法单一领域所能胜任，而必须在宪法中规定程序主体地位实现的权利依据，肯定国民的法律主体性，并对当事人以及程序关系人赋予程序主体权，即程序主体地位。① 在我国涉外民商事诉讼机制中，应建构起保障人性尊严的民商事诉讼程序，将当事人视为程序主体而非司法权的支配客体，以保障当事人对诉讼程序与裁判结果的充分交流和参与。

（二）提升当事人诉讼对话的论辩能力

诉讼当事人协商对话的论辩能力是法律商谈理论能够良性运行的重要条件。诉讼当事人对话论辩能力的增强需要一系列配套制度的建设，包括律师强制代理制度、整个社会法律素质的培养提升和法律文化环境的培育。通过这些外围制度，以保障诉讼当事人都能平等、实质性地参与对话论辩的过程。如此，面临事实问题、法律适用问题之选择，以及最佳方案、最充分理据是否应当采取或接纳时，当事人才能保有知悉及选择上的充分自由。

---

① 江伟：《中国民事诉讼法专论》，中国政法大学出版社1998年版，第2页。

交往主体间的信息畅通、自由对等是交往行为者展开理性对话的基本资质。在理性化程序交往中，诉讼参与者各自主张的有效性基于程序参与主体之间交往讨论、互动交流的真实同意和接受。各自主张被其他各方接受，须满足言谈程序的公正合理及主张理由的可接受性，主张者须就其任何主张提供理由，并针对其他各方的疑问进行对答回应。诉讼商谈意味着"每一种行动规范的有效性一般来说都取决于那些作为相关者而参加合理商谈的人们的同意"①，有效合法的商谈结果是为所有可能作为合理商谈的参与者同意的那些行为规范。诉讼参与者之间的对话辩论能力对于理解共识的达成至关重要。我国涉外民商事诉讼还未实行律师强制代理制度，有的案件在诉请主张、证据资料的提交、有效地质证辩论、法律原则和术语理解等方面，还未能表现出良好法治状态下，诉讼主体对诉讼进程及其中问题以理性人标准和其内心真意自如处理，从而在此过程中既实现自身利益最大化也实现诉讼参与者各自利益最大化的共赢局面。欲提升诉讼参与主体之间的对话效能，不只需要从社会公众法律素养的培育、养成着手，更须养育整个社会的成熟法律文化环境。"民商事诉讼程序作为现代社会中民商事纷争解决机制之一环，必须透明化、去权威化与实质平等化，朝向一个对话沟通式的程序进行方式，使当事人两造能经由程序之进行，对于法律与事实为相互之理解与学习，亦能使法官与当事人共同寻求存在于当事人间之法，以确立当事人生活之准则，并有助于纷争之真正解决。"②

(三) 加强法官阐明的行使

当事人诉讼主体之间交往能力的提升需要强化法院阐明制度的支撑。

---

① [德]尤尔根·哈贝马斯：《在事实与规范之间：关于法律和民主法治国的商谈理论》，童世骏译，生活·读书·新知三联书店出版社2003年版，第194页。

② 沈冠伶：《诉讼权保障与民事诉讼》，载《台大法学论丛》2005年第5期，第21～23页。

目前，我国有的法治程序还存在当事人实际诉讼能力和可得诉讼资源较低的显著矛盾，法庭审理辩论无法有效针对、围绕争点展开。在这种情形下，在探求当事人真意、尊重当事人选择权的基础上，法院阐明可帮助当事人整理并形成审理对象。法院有义务使当事人对其事实上或法律上的观点予以充分陈述，给予当事人陈述意见的机会，并通过阐明促使并协助当事人提出并完善其诉讼主张和诉讼资料，促使当事人将本来不明了的事项予以明了。经过法院对当事人的诉讼请求、事实主张、证据以及法律适用的阐明，当事人对纷争事实问题以及法律适用问题均了然于心，这"有助于充实审理内容，借以及时保护当事人之实体上及程序上之利益"①。在此意义上，阐明并非法院一方主体的单方解释和说明行为，而更是一种具有与当事人双方联系和互动的行为结构模式。阐明行为将交往沟通主体从诉讼当事人之间而扩展至法院与诉讼当事人相互之间，法院接引、转述、重构当事人观点并同时引申自己的主张而在当事人和法院之间形成新的评议点，在反复循环上升的质疑探讨中求得理解、妥协、共识。法院在与当事人充分沟通下做出的事实认定以及依此认定事实而适用法律做出的裁判，自然能够获得当事人的认同和自觉履行，裁判的司法权威得以彰显。

五、小结

"法社会学的冲突理论与解决社会冲突的法律相关联，它认为法律的作用在于避免不必要的冲突，解决已经出现的冲突，深入冲突或控制冲突。"② 在涉外民商事诉讼程序中适用交往行为理论，有助于裁判认同的实现。在涉外民商事裁判文书的论证说理方面，也应尽可能体现包括法院和当事人在内的诉讼参与主体之间的信息沟通是否畅通对等，信息获取手

---

① 邱联恭：《程序制度机能论》，三民书局 1999 年版，第 2 页。
② ［德］托马斯·莱塞尔：《法社会学导论》，高旭军等译，上海人民出版社 2008 年版，第 251 页。

段是否得到充分保障,裁判结论是否以及如何呈现对话、接受、质疑、否定、接受认可等精彩纷呈的诉讼交往过程。尤其是法律适用缘由、理据的阐释部分,必须对交往商谈论证说理,这不仅会促使法官倾全力于每一个案事实认定与法律适用之间关系的理性论证,从而促使法律适用之统一,减少误判概率,而且在无形中也潜在降低了裁判获致承认与执行的难度。"由于裁判是在论辩的基础上产生的,因而更能让当事人自愿接受法院做出的裁判。推而广之,该裁判亦能被法律共同体乃至整个社会所接受。以此就在法官与当事人之间、当事人与当事人之间、法官与法律共同体之间、裁判与社会之间形成一种内在的和谐关系。"① 涉外民商事裁判结论是当事人、法官相互之间的共识性结果,是诉讼程序参与者对纷争处理结果的一致意见表达,商谈下的裁判共识结论可以实现诉讼当事人利益冲突较为彻底的化解。

  法院裁判不仅承载着定分止争、息诉服判的功能,而且在更深层面上彰显着司法裁判的权威性。而息诉服判功能的实现以法院裁判的可接受性为前提,即裁判正当首先要求诉讼当事人和社会公众对裁判中事实认定和法律适用的认可和接受。涉外民商事裁判文书中事实认定和法律适用的阐释,即为法官认定争点以及释法说理的整个过程。由于诉讼的专业化程度与社会公众法律知识之间存在很大差距,法院以裁判方式对涉外民商事诉讼当事人的实体权利义务做出依法认定和判断,以裁判宣示当事人实体权利义务的过程是诉讼技术与当事人诉讼能力的综合作用的合力结果。法官、双方当事人相互之间的合力作用是对共识理论的完全印证和充分践行,裁判结论的可接受性也正因这一合力作用而显现出共识理论的基本原理。

---

① 焦宝乾:《法律论证导论》,山东人民出版社2006年版,第216页。

第六章 涉外民商事裁判文书释法说理与
所涉相关制度的完善分析

司法依赖于民众的信赖而生存。

——拉德布鲁赫[1]

---

[1] ［德］拉德布鲁赫：《法学导论》，米健、朱林译，中国大百科全书出版社1997年版，第119页。

第一节 涉外民商事裁判文书释法说理与指导性案例制度

指导性案例制度是最高人民法院为全国各地法院法律适用的统一而设置的司法制度,旨在实现同案同判,树立司法权威。"指导性判例的形成和适用过程本身就浓缩了众多法律人共同探寻裁判理路的同质化过程","其价值与其说是形成某种制度性的拘束力,毋宁说是在于帮助法律共同体从案例中探寻裁判的理路,养成法律的思维;并在这个过程中,帮助社会共同体理解司法的特质,滋生法律的信仰"。① 指导性案例往往由当事人或法官援引而出现在涉外民商事裁判文书中,指导性案例的裁判规则对涉外民商事裁判文书释法说理具有直接的指引意义。

一、指导性案例的效力与裁判文书释法说理

具有制度性约束力的判例或指导性案例应满足三个基本条件:"基于正确性和正当性所产生的说服力、基于司法的独立性和终局性所产生的确定力、基于裁判者的人员构成和裁判的形成过程所产生的影响力等等,不仅影响或决定着该案裁判是否会被后案引证为判例,而且一旦引为判例,将对后案的说服力、确定力和影响力产生直接影响。"② 我国指导性案例制度正在发展之中,日益呈现出体系化、批量化、精细化的倾向,尤其是

---

① 傅郁林:《在案例中探寻裁判的逻辑》,载《人民法院报》2012年2月1日第8版。

② 傅郁林:《在案例中探寻裁判的逻辑》,载《人民法院报》2012年2月1日第8版。

最高人民法院针对"一带一路"及环境保护所特别发布的几批指导性案例。整体上而言，指导性案例涵盖的领域日益广泛，尽管涉外民商事案件的指导性案例数量仍然相对较少，但较少的几例涉外民商事指导性案例所反映出的法律适用问题也都较为典型。从此角度而言，指导性案例制度本身自其设立之初，就因其发布机关的权威性、体认价值的导向性以及法律适用的代表性而具有司法裁判的指引功能，对司法实践中法律适用的不同理解和不同观点形成了一定程度的统一。指导性案例的裁判规则在一定意义上弥补了我国现行立法规定和司法解释意见的缺漏。指导性案例制度的推行部分地实现了司法统一，借由裁判规则解释法律规范，使某些法律得以通过裁判而渐进发展，立法者对法律的预设功能也由此而实现。

通过其裁判规则，指导性案例对具有相同事实的后案具有参照适用效力。指导性案例对后案的这一参照适用的拘束力表面上体现为裁判规则，实则是裁判规则之后的裁判思维，即傅郁林教授所称的裁判理路。裁判思维是"法律共同体按照逐渐形成的同质化的思维惯性或技术模型而形成的裁判理路"，"判例的权威或效力也不是被赋予或强加的，而是被'遵从'的，是那些已成为法律人共识的裁判理路在具体案件中被具体法官自觉地或惯性地服从。这样的理路、这样的同质、这样的思维惯性和相应的服从自觉，需要整个法律职业共同体的长期积累"。[①] 换言之，指导性案例的制度约束力是法律职业共同体法律思维训练共同结晶的体现，是法律逻辑、法律推理、司法技艺等法律人所应具、共具的职业素养的外在体现，这些职业素养和司法技艺渗透、浸染在裁判文书的字里行间。

---

① 傅郁林：《在案例中探寻裁判的逻辑》，载《人民法院报》2012年2月1日第8版。

二、指导性案例在涉外民商事诉讼程序中的应用分析

最高人民法院发布的涉外民商事案件的指导性案例集中在第二十一批，即指导性案例第 107 号至第 112 号。2019 年 2 月，最高人民法院第二十一批指导性案例的公布，可谓是涉外民商事程序的里程碑事件，该批案例对不同领域涉外民商事案件的审理规则均有涉及。但是，由于该批指导性案例公布时间距今较短，笔者尚未找到对该批案例加以援引的涉外民商事裁判文书。除了该批指导性案例公布时间距今较短的因素之外，该批指导性案例在现实裁判文书中未见援引的主要原因还在于涉外民商事的审判往往涉时较长，且指导性案例的裁判规则也并非适用于每一个涉外民商事案件。

在最高人民法院目前所发布的所有指导性案例中，除了第二十一批指导性案例以外，有关涉外民商事纠纷的指导性案例还有第 33 号、第 37 号、第 51 号。其中，第 33 号指导性案例被援引的案件有 33 件，第 51 号指导性案例被援引的案件有 2 件①，第 37 号指导性案例则未见援引。且上述援引涉外民商事指导性案例的案件均为国内民商事纠纷案件，尚未见有一例涉外民商事审判援引上述涉外民商事指导性案例。这一结果表明，涉外民商事法律关系的指导性案例的援引率较低，就目前我国涉外民商事诉讼实践而言，涉外民商事指导性案例尚未能发挥出其应有的制度功能。指导性案例建立至今，就其适用情形而言，既可以由法官援引，也可以由当事人援引作为诉称或辩称依据。如果当事人援引指导性案例作为指称依据，则该指导性案例就几乎具有了和诉（辩）请的法律依据一样的论据性质，该指导性案例是否足以支撑当事人的指称内容，则由法官具体判断。因此，对当事人以某指导性案例为其声请或辩称依据时，法官应对该指导

---

① 数据统计至 2019 年 12 月 2 日，援引文中指导性案例的案号分别是：（2019）浙 01 民终 2313 号、（2016）京 7101 民初 890 号。

性案例是否足以支持当事人的指称做出回应。尤其是当法官对当事人该类指称做出否定回应时，更应向当事人表明法官做出不予支持当事人请求的内心确信的形成过程，即法官应向当事人阐明当事人主张的该指导性案例不获支持的缘由和逻辑推理。而在前述引用涉外民商事纠纷指导性案例的统计案例中，当事人援引指导性案例而未获法院认可的原因，有的裁判文书在释法说理中对此阐释得并不清晰。

涉外民商事指导性案例引用率低主要出于三个方面的原因。首先，参照适用无具体的指引规则。在2010年11月发布的《最高人民法院关于案例指导工作的规定》，要求各级法院审理类似案件时，应"参照"指导性案例。而关于是否参照指导性案例，并无统一的标准或指南，径行由法官结合个案案情而自由抉择。有的地方法院法官以我国非判例法国家且指导性案例仅有参照意义为由，而在后案审理中对指导性案例不加引用。

其次，将指导性案例作为事实援引而适用举证规则。在当事人主张参照指导性案例时，一些地方法院要求当事人就指导性案例与本案所涉法律问题的相似性进行举证，如当事人未能举证，则不予引用。如此，将指导性案例相对复杂庞大的案件事实、法律适用、争点确定、案件性质认定等细节又专业的问题交由诉讼能力并不相当的当事人举证证明，在并未实行律师强制代理制度的我国法治环境下，相关法院上述举动事实上对于大部分诉讼当事人而言绝非易事。即便在诉讼标的相对较大、律师代理相对较好的涉外民商事诉讼中，也并非所有诉讼当事人都会聘请律师，相关法院对指导性案例的如此理解只会增加当事人的举证难度，实质上并不能保障当事人程序权利的实现。

最后，参照适用的技术规则难以把握。2015年颁布的《〈最高人民法院关于案例指导工作的规定〉实施细则》细化了指导性案例的适用规则，明确规定公诉机关、辩护人、当事人主张参照指导性案例，人民法院必须回应。但是，如果案件基本事实或因果关系认定不同、争议焦点不同，则不能引用。如何判断案件事实、因果关系等问题，往往需要运用类比推理以及对个案事实和指导性案例事实的深入对比分析。而如何"区分实质事实与非实质事实、必要事实与非必要事实，难以判断争议焦点、法律关系是否类似，对基准案例的查找、推理方法的运用、类推风险的防范等知识技能"①，往往需要法官耗费相当大的精力，且同时具备非常熟练准确的专业技能和整体司法认知能力。

三、涉外民商事裁判文书释法说理对指导性案例的规范化要求

指导性案例制度以"用"为本。无论指导性案例经过了几次审理、适用何种程序选择出来，无论其争点如何典型、裁判要点书写得如何简洁精当，其最终目的仍然是指导当下的待审案件，统一司法裁判尺度，而非将其精装束之高阁。相对而言，涉外民商事纠纷都较为复杂，纠纷解决涉及诸多的特殊问题，尤其是与涉外民商事管辖权冲突的解决、冲突法适用、国际法适用、外域法适用相关的诸多特别问题，因此，裁判规则的统一尤为重要。在我国涉外民商事法律尤其是冲突法规范仍需进一步完善的当下，指导性案例适用于我国涉外民商事裁判可以对法律存在的粗疏问题稍有补充，真正实现指导性案例制度的设置初衷和价值功能。然而，指导性案例应用于涉外民商事裁判仍然有一些细节性障碍，克服这些障碍的举措如下。

首先，明确指导性案例的引用标准和应用规则，建立类案识别制度。类案识别是指导性案例适用的前提，而目前还未出台类案识别的标准。究竟应参照案由、案情、证据规则、裁判要点还是裁判理由乃至案件全部？在司法实践中，目前还缺少指导性案例参照适用的方法，具体适用标准的缺席无疑严重影响了指导性案例援引的普遍可能性。为了有效实施指导性案例制度的指引和法律适用的统一功能，应当拟定"从确认和发现类似案

---

① 赵瑞罡、耿协阳：《指导性案例"适用难"的实证研究——以 261 份裁判文书为分析样本》，载《法学杂志》2016 年第 3 期，第 120 页。

件开始,到如何参照指导性案例的裁判要点和裁判理由,直到最终能够在审判过程中直接援引作为判决理由"① 的具体援引规则。

学界对此问题也予以了充分研究和回应,学者们从法律推理规则、类案判断、事实要点相似等因素方面都提出了积极建议。② 然而,具体标准的实践都是技术因素起着决定作用,这些技术规则的实践也可能会因案不同、因人而异,如此,则指导性案例的引用初衷或许只能拭目以待。总体而言,我国内地的法官还缺少指导性判例应用技能的专业培训。而寻找指导性判例又受到价值判断、审判思路的影响,存在着确定性、统一性与实质合理性的紧张关系。③ 随着指导性判例成批公布而来的系统化建设,基层法官难以找到可供参考的指导性判例的现实情形已经发生了完全的改变;然而,指导性案例对司法实践的问题回应尚且处于检验之中。除了在裁判规范的解读及逻辑论证方面应表现出指导性案例对以后类案的指引性和回应性之外,从判例比立法在相当程度上更能快速地回应社会问题的角度而言,指导性案例应更多地对现实热点进行反馈,回应涉外民商事诉讼实践中的实际诉求。其中,法官对指导性案例检索援引的习惯培养至关重要。指导性案例经历了较为严格的甄选程序,自入围至最终确定,每个指

---

① 孙光宁:《指导性案例的技术性缺陷及其改进》,载《法治研究》2014 年第 7 期,第 129 页。

② 相关研究成果有:黄泽敏、张继成:《案例指导制度下的法律推理及其规则》,载《法学研究》2013 年第 2 期;陈欧飞:《指导性案例制度下的同案识别》,载《人民法院报》2014 年 2 月 26 日第 8 版;张骐:《再论类似案件的判断与指导性案例的使用——以当代中国法官对指导性案例的使用经验为契口》,载《法制与社会发展》2015 年第 5 期;赵瑞罡、耿协阳:《指导性案例"适用难"的实证研究——以 261 份裁判文书为分析样本》,载《法学杂志》2016 年第 3 期;曹志勋:《论指导性案例的"参照"效力及其裁判技术——基于对已公布的 42 个民事指导性案例的实质分析》,载《比较法研究》2016 年第 6 期;雷磊、牛利冉:《指导性案例适用技术的国际比较》,载《治理研究》2018 年第 1 期;雷槟硕:《指导性案例适用的阿基米德支点——事实要点相似性判断研究》,载《法制与社会发展》2018 年第 2 期;等等。

③ 张骐:《论寻找指导性案例的方法——以审判经验为基础》,载《中外法学》2009 年第 3 期,第 468 页。

导性案例都是由最高人民法院审判委员会予以审定发布。因此,"对指导性案例的参照适用效力予以明确,同时对后案审理法官对指导性案例的是否采用必须予以回应"①。

其次,指导性案例挑选的主体途径狭窄,应强化挑选主体对案例的亲临性。最高人民法院审判委员会作为讨论、确定指导性案例的主体,讨论确定指导性案例的法定发布程序。指导性案例经由内部发布到今天的公开发布,由供各级人民法院审理相同或类似案件时"参照适用"发展到今天的"应当参照",并明确要求人民法院在当事人、公诉机关等要求适用指导性时案例时必须回应,指导性案例的法律效力越来越强。我国以最高的司法权威切实推动指导性案例的适用。然而,也有的学者认为,"多层次""一元化"的指导性案例形成机制②对指导性案例效力强化的方式,主要强化了指导性案例的形式效力,而忽视了指导性案例的实质合理性,影响了指导性案例的品质和供给,难以满足我国地方性、差异化的司法需求。③"一个案件的裁判能否成为指导性案例,不仅仅是案例的法律与学术含量问题,更重要的是案例所包含规则的社会规范意义","指导性案例的发现与形成,必须发挥司法过程中的社会参与机制作用"。④ 选择指导性案例的过程,是法官对案例事实问题和法律问题的全面认知过程,是法官综合分析判断案例表现的实体问题和程序问题的综合过程,它以案例体现的独特办案理念、合乎逻辑的裁判方法、创新的裁判规则作为筛选标准。诚如

---

① 参见 2015 年 6 月发布的《〈最高人民法院关于案例指导工作的规定〉实施细则》第九条、第十条、第十一条。

② "多层次"意为符合指导性案例条件的案例需经过各级人民法院推荐、审查、讨论确定程序的筛选后层报至最高人民法院;"一元化"指只有最高人民法院有权确定、发布指导性案例。刘克毅:《论人民法院指导性案例形成机制》,载《法律科学》2018 年第 6 期,第 188~197 页。

③ 刘克毅:《论指导性案例的效力及其体系化》,载《法治现代化研究》2017 年第 5 期,第 136 页。

④ 吴英姿:《谨防案例指导制度可能的"瓶颈"》,载《法学》2011 年第 9 期,第 53 页。

有的学者所言，指导性案例的拣选对法官的筛选甄别能力、把握案件焦点的能力、疑难问题的化解能力及论证说理能力都提出了较高要求。① 所以，应探索我国指导性案例的多层次挑选确定制度的建立。

再次，指导性案例的理论论证应更加充分。指导性案例制度的构建初衷之一即实现判决的一致性，一致性要求指导性案例的裁判规则足以清晰简练，能够成为普遍适用的准则。而将作为个别、特殊的个案事实及司法裁判依据抽象为具有规则性的普遍现象，需要法官运用职业思维进行判断并精炼总结。判断总结的过程即是法官进行法律论证的过程。作为指导性案例的裁判规则应体现足够充分的事实与法律依据、严谨严密的逻辑思维和用语准确的论证内容，可以说，权威有效、能为以后类案重复援用参照的指导性案例一定是一篇小型的专业论文，至少也可以为以后类案法官提供法律研读乃至学理研究的学习样本。同时，指导性案例仅具有案例指导功能，其性质并非司法解释文件，所以，在指导性案例的选择编撰中，应对"裁判要点的扩张保持警惕，避免因过分追求挖掘案例中的抽象规则（裁判要点），而导致指导性案例'司法解释化'，模糊了案例指导和司法解释的功能面向"，并"完善裁判理由的叙述方式以及对说理集中度的控制"。②

最后，确立指导性案例的退出机制。我们应在"发展案例指导制度中注意形成规则，注意指导性案例的典型性、稳定性、连续性和可预测性"③。通过对法律规范的整合与解读，指导性案例确立起其独特的裁判规则，并以裁判规则为以后类案的审理法官提供司法裁判指引。而在实践

---

① 夏锦文、吴春峰：《法官在判例指导制度中的需求》，载《法学》2010年第8期，第140页。

② 张华：《指导性案例的生成技术优化——基于指导性案例司法应用的实证分析》，见陈金钊、谢晖主编《法律方法》（第25卷），中国法制出版社2018年版，第239页。

③ 张琪：《再论指导性案例效力的性质与保证》，载《法制与社会发展》2013年第1期，第99页。

运行中，指导性案例在发挥其裁判指引功能以保持司法系统彰显的完备性功能时，不仅应重视其稳定性，而且更应关注其变化性。有学者统计认为，我国指导性案例的生成周期与其被引率之间呈负相关关系。① 当指导性案例所依存的现实条件已然发生变化时，应该及时考虑指导性案例能否保持并存续，此时，应"遵循立法与司法判例的关联性逻辑，当法律漏洞得到及时补充而有明确的规定，当立法解释或司法解释对相关法律条文的内涵进行确定性诠释，或当指导性判例所解释的法律条文已经被新的法律条文所修改或吸收，此时应当对这些判例进行清理和废止，以确保指导性判例在'立'与'废'的动态意义中得以循环运行"②。

无论对启建指导性案例制度的设置初衷有多少种解读，同案同判无疑应是其诸多目标中之重要一项。同案必定同判背后体现的是法律职业共同体尤其是司法共同体对规范一致的严格遵循，对司法规范的依循不只是法律职业共同体对法律原理、法律技术的一致认可，更是法官的职业伦理要求。同案必定同判决定了指导性案例必须具备规范性特质，即无论是实体问题抑或程序问题还是冲突法适用环节，无论是案例体现的法律方法、推理逻辑还是裁判中考虑的价值比较与权衡，该指导性案例在审理程序中尤其是裁判要旨中皆能体现出其具体明确的理论适用性。

指导性案例制度不仅具有解释法律的功能，且具有一定意义上的司法造法功能，甚至有的学者认为指导性案例"已经具有了在方法意义上的'立法属性'"③。其实，无论是否承认指导性案例具有立法属性或司法功能，毋庸置疑的是，指导性案例已然具有一定程度的、事实上的规则创制

---

① 张华：《指导性案例的生成技术优化——基于指导性案例司法应用的实证分析》，见陈金钊、谢晖主编《法律方法》（第25卷），中国法制出版社2018年版，第227～228页。

② 夏锦文：《指导制度语境下司法判例的实践逻辑》，载《苏州大学学报》2011年第4期，第64页。

③ 朱芒：《论指导性案例的内容构成》，载《中国社会科学》2017年第4期，第111页。

能力。指导性案例"应当参照适用"的法律效力,以及适用指导性案例时必须回应诉请或问题的法律效力属性,实质上使得指导性案例本身的裁判规范具有了拘束以后类案审理中的司法机关和当事人的法律效力,也正因此,指导性案例具有了一定程度的法源地位。"如新创立的裁判规则为嗣后的法官们所维持,因此在法律生活中被遵守的话,那么该新造的裁判规则即获得了普遍化的法律效力,即事实上成为一条明确的法律规范,并可直接适用于与当前案件相似的案件,而无须再引用在证立过程中所引用的其他支持规则。"① 我们应反思指导性案例制度设置的价值导向,规范法官自由裁量权,完善司法裁判程序制度,真正将指导性案例制度建设成为法律发现和法律发展的重要机制,统一法律适用尺度,弥补成文法的本有缺陷,从而"成为我国除法律、司法解释以外的一种规则形成机制"②。《法国民法典》的起草者波塔利斯对判例为司法审判提供裁判规则持有如下观点:"立法机关的任务是要从大处着眼确立法律的一般准则……那些没有纳入合理立法范围内的异常少见的和特殊的案件,那些立法者没有时间处理的太过于变化多样的、太易引起争议的细节及即使是努力预见也于事无益或轻率预见则不无危险的一切问题,均留给判例去解决。我们应留有一些空隙让经验去陆续填补。民众的法典应时而立,但确切地说,人们尚没有将其完成。"③

---

① 张其山:《司法三段论的结构》,北京大学出版社2010年版,第110页。
② 陈兴良:《案例指导制度的法理考察》,载《法制与社会发展》2012年第3期,第79页。
③ [德]茨威格特、克茨:《比较法总论》,潘汉典等译,法律出版社2003年版,第139页。

第二节 涉外民商事裁判文书释法说理与法律解释

一、涉外民商事裁判中法律解释之必要

"法律以其普遍性、确定性、预告性、强制性等特点赢得了无私、不偏、效率、安全等信誉的同时,也暴露出教条、僵硬、划一、公式化的弊端。法律本身优劣并存。"[1] 法律以权利义务内容的法律规范对具体的社会生活关系进行抽象化的规则处理,现实生活关系几乎被一一纳入法律的规则之治中。然而,法律设定规则的源泉往往只是来自既有的、现存的社会生活,准确言之,法律所规范的事项是以已经过去的社会生活为对象,并将该基于过去生活对象的规则推及延展适用于未来一定范围内的社会事项。法律对社会生活的规则之治是以法律适用范围为前提,法律规范对社会生活的调整有其固定的边界。然而,社会生活的具体表象并不总是依循法律规则的预先设置,生活事态总会不时溢出法律设定的边界。"一般说来,作为事物的现实表现样态之实然,总是与其应然之间存在着某种程度的脱节或悖离;而作为事物客观存在本性及其理性要求的应然,也肯定是超越其外在表现的。"[2] 无论社会生活如何在法律规范边界之外游离,不容否认的是,法律规范对社会生活的指引功能始终不容忽视,借由法律规范的引导,社会成员共同缔造了近乎于井然有序的社会秩序。

"绝大多数案件事实清晰,规则明确,法官的职责只是将规则与事实两

---

[1] 董皞:《司法解释论》,中国政法大学出版社1999年版,第89页。
[2] 李道军:《法的应然与实然》,山东人民出版社2001年版,第2页。

相连接，借司法之具，凭法官之口，代言法律之声，而落实公正之实。"①然而，当法律面向具体不同的个案，特别是双方当事人在诉请主张及利益获取上完全对立时，抽象的、概括性极强的法律规范自始本具的滞后性、模糊性使得法律在应用于现实生活时，必然出现法律规范不清晰、法律存在缺漏、法律规范含义的流变性等种种困扰法官直接适用法律的状况。此时，传统司法认知下法官仅机械适用法律的角色无疑受到挑战，事实上，法官需要依据某种方法对模糊或冲突的法律规范进行解释。从哲学的角度来看，法律解释权与司法权是同一种权力，二者没有绝对界限。理解的过程也是解释和应用的过程，法律的实施以解释过程为桥。② 不过，依托于成文法背景的法律解释则仅存在于就所认定的事实进行法律适用的涵摄过程，而法律却存在条文不能尽述的情形。"在规则范围和判例理论留缺的领域，法院发挥着创制规则的作用。"③ "在某种程度上可以说，法官是否称职主要是看他在审理案件过程中能否正确地解释法律。"④

如前文所述，涉外民商事司法审理中的法律适用过程极为特殊，涉外民商事裁判文书的释法说理无可避免地需要法律解释。对于"法律解释"一词的理解可能在不同的语境下有所差异，但通常而言，由一定主体对法律的含义进行解释之义则最广为接受。在司法裁判过程中，法官适用司法三段论将认定事实与适用法律勾连并推导出裁判结论的过程，相当程度上即为司法解释的过程。其中，法律规范的选择和适用，选择此法而非彼法、选用此条法律规范而非彼条法律规范，法律规范的文本内容以及对该

---

① 许章润：《活着的法律宣谕者——〈司法过程的性质〉与卡多佐的司法艺术》，载《环球法律评论》2004 年夏季号，第 133 页。
② 李辉：《论法官的法律解释权》，见陈金钊、谢晖主编《法律方法》（第六卷），山东人民出版社 2007 年版，第 312 页。
③ ［英］哈特：《法律的概念》，张文显等译，中国大百科全书出版社 1996 年版，第 135 页。
④ 胡夏冰：《司法权：性质与构成的分析》，人民法院出版社 2003 年版，第 248 页。

内容的理解,都是司法三段论适用中法官以其职业思维必须致力思考的问题。尤其是在涉外民商事纠纷的司法裁判中,可适用法律的范围不仅包括国际条约、国际惯例,还有可能是实行判例法制度的英美法系国家的某外国法或某法域法,因此,于当事人及社会公众而言,涉外民商事案件应适用的法律规范无疑会产生理解上的难度与误差,所以,法官对应适用法律的解释就势所必然。

二、涉外民商事裁判文书释法说理中的法律解释与法律推理

在涉外民商事诉讼中,法官对认定的事实寻求适用于该认定事实的法律规范,其间,法官必须运用其能动性和创造性。"创造性是司法裁判一个不可避免的特征",创造性实即法官在自由裁量权范围内以所选定的法律规范对认定事实进行价值判断的过程。"司法过程本身是一个价值判断的过程或者说'价值导向的思考程序',法官应当是在自由裁量的范围内做出价值判断。"①

在涉外民商事诉讼程序的法律适用过程中,法官必然需要进行法律解释,而裁判结论的得出必须将案件事实与法律规范连接起来,这不仅是案件事实构成要件与法律规范构成要件之间一一对照的连接,更是案件事实蕴含的价值与法律规范涵藏的价值功能之间的对接、涵容、严丝密合。在这一对接过程中,必然需要创造性的理解、合理的论证。诚如季卫东教授所言:"迄今为止的法学理论的发展趋势表明,在复杂化的现代社会中,法律解释必须在程序、议论、合议等涵三为一的多元结构中来把握。用法治国家的原理以及程序性条件来限制法官的专断,用议论以及对话性论证来实现理想意义上的合意,通过各种论据之间的整合性和序列性来协调主观与客观的关系,并限制合意的无限制反复,这确实是一种巧妙的强性结

---

① 王利明:《法学方法论》,中国人民大学出版社2012年版,第329页。

构的设计。"① 的确，法律解释需要借助一定的规则和论证推理方式，并需要程序制度的各种制度支持。涉外民商事裁判文书释法说理，也需要借助法律推理以论证裁判逻辑和裁判结论的正当、合理。

　　涉外民商事诉讼程序的进行，在于为纷争当事人提供正当的、可获接受的裁判结论。无论法官采用何种角度的论证说理分析路径，对裁判过程及裁判结论的充分说理论证皆属必须之举。法官通过层层逻辑分析得出理性的、具有说服力的裁判结论，结论之妥当与否取决于当事人商谈议论的程度。有观点认为，法律论证理论是一种以论证为基础的法律解释理论，其主张以事实和逻辑为论据，在主张—反驳—再反驳的"主体间"的论证过程中，通过说服和共识的达成来解决法律争议问题。正是缘于此种理由，该观点主张，法学之理性在于其论证理性，具体而言，法学之理性在于依据理性论证的标准去考察法律论证的可能性。于是，法学的科学理论遂汇入法律论证理论之河。② 经由这一观点分析，法律适用中的司法三段论、法律论证、法律推理、法律解释乃至商谈共识理论都融为一体。通过连贯的、可普遍化的法律推理形式，法官推导出逻辑有效的、正确的裁判结论。司法三段论、法律论证、法律推理、法律解释以及商谈共识理论的使用都旨在解决裁判结论的正当性和可接受性。

　　涉外民商事案件的审理法官运用司法三段论对认定事实与适用法律之间涵摄时，法官需要在事实与法律之间不断地循环往复，这一循环往复其实正是通过法律推理得以继续和完成的。事实上，援用一般法律规范推导出适用于个案的个别推论结果，这一看似简单的法律适用过程在实践中并不常见；而在具体的司法实践中，法律推理多表现为，法官就待审案件先依其直觉和经验形成一个模糊判断，而后由此出发找寻这一结论的成立条件，如此循环往复。"司法判决，就如其他判断一样，也是从暂时形成的

---

　　① 季卫东：《法治秩序的构建》，中国政法大学出版社1999年版，第119页。
　　② 焦宝乾：《当代法律方法论的转型——从司法三段论到法律论证》，载《法制与社会发展》2004年第1期，第103页。

结论回过头来做出的。"① "法律发现实质上表现为一种互动的复杂结构。这种结构包括了创造性的、辩证的、或许还有动议性的因素,任何情况下都不会仅仅只有形式逻辑的因素,法官从来都不是'仅仅依据法律'引出其裁判,而是始终以一种确定的先入之见,即由传统和情境确定的成见来形成其判断。"② 通过在案件事实与法律规范之间的对照、判断,直至最终事实与规范之间的价值融入,法官借由法律解释在生活事实与法律规范之间架起一座桥梁,使生活事实与法律规范相互对应、匹配,并在此过程中实现相互调适和同化。一方面,法律规范对生活事实进行拣择与筛选;另一方面,生活事实符合法律规范的要件,从而纳入规范所调整的社会关系之中。法官借由法律解释建立起认定事实与法律规范之间的关联并使两者不断靠近,事实与规范之间循环往复、相互照应,如此,则在事实与规范之间搭建起互动沟通的连接。如何得出互动沟通的结论、做出理性裁判,如何彰显裁判结果的可接受性,则要求法官必须充分阐释说明生活事实认定及法律适用的过程和结果,在此,商谈式程序的法律论证理论即可发挥其对裁判确证的作用。在此过程中,司法三段论就具体表现为法律解释和法律论证。

涉外民商事诉讼程序的审案法官需要为裁判结论提供正当理由,尤其是要对待审案件法律适用的理由进行阐释。"法律适用是一个基于逻辑性而为的评价,此乃是一种论证,即以必要充分的理由构成去支持其所做成法律上的判断。法学上的论证是一种规范的论证,不在于证明真理的存在,而在于证明某种法律规范适用的妥当与正确。论证系对某种判断甲乙正当化的过程。"③ 法律推理不仅必须论证确认论题的真假正确与否,同时也涉及价值判断、价值推理;不只要求论证判决结论的正确性、正当

---

① 沈宗灵:《现代西方法理学》,北京大学出版社1992年版,第338页。
② [德] 阿图尔·考夫曼:《后现代法哲学——告别演讲》,米健译,法律出版社2000年版,第21~22页。
③ 王泽鉴:《法律思维与民法实例——请求权基础理论体系》,中国政法大学出版社2001年版,第210页。

性，也要求论证判决结论的合理性及可接受性。"为了使最终裁决能被接受，他们不得不阐明其解释，即必须证立那种关涉到法律规则解释的裁判。"① 法律推理的论证过程是法官认识、判断过程的外化显现。法官的判断过程既呈现出法律职业共同体所共有的标准，但又具有法官个人的一定主观色彩而难以为外界识别的因素。法官认识判断的此种显化也在一定程度上限制了法官的主观臆断，通过法律论证说理形式，法官的个人思维被纳入法律职业共同体的共同法理逻辑之中，因此种说理论证和纳入，裁判结论也自然具有了合法性、正当性、有效性和可接受性。

　　法官以法律术语及法律职业逻辑思维证成裁判结论的正当合理，必须通过语言媒介。语言具有天然的参与性和交际性，通过法律逻辑推理和语言修辞手段，法官与诉讼当事人之间、诉讼当事人相互之间对案件事实认定和法律适用各个环节具体问题的沟通得以开展。"法律家总是用语言工作。他们被说成是语言专家，是一批其职业和技巧就是熟练使用口头语言和书面语言的人。"② 法官将抽象规范的法律概念个别化、具体化于纷争个案中，通过与当事人之间的沟通交流，使当事人充分认知事实构成和证据认定等纷争解决的所涉概念，了解法官对法律术语、法律概念的具体解读，以及法官运用概念和术语对纠纷事实关系进行认定和处理的思维过程。随之而来同样重要的是，借助对法律术语、法律概念的专业解读，法官就认定事实所欲适用的法律规范和纷争解决所涉的价值判断进行论证阐释，诉讼当事人及社会公众可经由法官的专业判断论证来了解法官是如何从案件事实与法律规范的结合互嵌中演绎出裁判结论的，如此，诉讼当事人和社会公众对裁判结论可能存有的各种误解和分歧自然得以消解，裁判结论形式正当、实质合法的目标也就自然可以实现。

---

　　① ［荷］伊芙琳·T. 菲特丽丝：《法律论证原理》，张其山等译，商务印书馆2005年版，第2页。
　　② ［英］沙龙·汉森：《法律方法与法律推理》，李桂林译，武汉大学出版社2010年版，第18页。

由于我国民事诉讼制度等整个法律环境的限制，法官释法并没有成为法官的一项应有职责。"人类的有限理性无力编织覆盖一切的法典，社会却变动不居，结果是法律规则相对于个案的缺席。"① "法官只有通过一定限度的自由裁量行为，才能将好的、与社会发展需要相适应的合适的'新东西'加入到裁判规范之中，使法律克服自身的滞后性、僵硬性而得以发展。"② 然而，赋予法官一定范围内对法律的自由解释权，并确保该法律解释权能得到法官的自觉践行和规范行使，这一认识和现实需求已逐渐为法律实务界所普遍认可，涉外民商事诉讼程序中的法官释法权更需要从制度层面进行肯定。

---

① 马得华：《法律空白与法官造法》，见陈金钊、谢晖主编《法律方法》（第4卷），山东人民出版社2005年版，第182页。
② 于晓青：《法官的法理认同与裁判说理》，载《法学》2012年第8期，第83页。

尾　论

有学者言，裁判文书即法官自己的镜子，经由判决书可以照见法官自己的灵魂（如道德价值观、知识水平、认识方法、价值取向、对法学理论的取舍等）和外表（如写作能力等）。[①]

涉外民商事裁判文书释法说理是我国司法体制改革大背景下的一个缩影。如果将整个司法体制改革比喻为一架前行的列车，涉外民商事裁判文书释法说理仅是这趟行进列车上的一个小齿轮，齿轮的正常滚动及与其他齿轮的平顺咬合，无一不与列车的整个性能乃至列车运行的路面等各种外在环境密切相关。的确，司法改革数十年来，对原有制度的革新、对域外新制度和新规则的引荐使得整体司法制度已然呈现出焕然一新的良好态势，司法公开制度也在一路高歌向前。然而，诚如印度学者莫汉·戈帕尔对亚太国家司法改革经验考察所表明的，较之于其他种类的公共机构而言，司法机构更不能被人为"设计"和"制造"，司法改革方案必须是经由本土内部"自然生长"而非通过外部植入而"人为构建"出来。[②] 司法问题并非单一的点或线或面的问题，而是一个复杂的系统工程，需要各个内部环节和外在制度的协调配合。涉外民商事裁判文书的制作以及释法说理又一次引发人们对司法的职业化、专业化提出拷问。我国传统社会体系是熟人社会，尊崇礼法规则，短于法治治理和规则体系，缺乏西方成熟的制度化的独立法律职业传统——尽管西方制度化的法律职业在构建法律职业共同体的过程中已经过度化为"法律职业利益集团"，"这个利益集团

[①] 武树臣：《裁判自律引论》，载《法学研究》1998年第2期，第21页。

[②] 亚太司法改革论坛：《探寻司法改革的成功之道——亚太经验》，黄斌、支振锋、徐宗立等译校，中国政法大学出版社2010年版，第71～72页。

一方面自我凝聚并逐利,形成边沁所批判的法官公司,同时也有助于这些国家司法的职业化和专业化。而缺乏这种法律职业传统的发展中国家,在实现司法职业化与专业化的道路上就要走得更为艰辛"。①

涉外民商事裁判文书如无释法说理,法官个人的职业认同和司法价值,以及法官所代表并弘扬的司法权威就难以体现,经由法官所彰显的法律思维也难以为社会公众所认知,法律的理性精神、经由权利义务所映现的规则意识、法律规范的指引功能乃至司法的公平正义等在短短几十年法治进程中取得的些许成果就终将遭受损害。释法说理缺乏的涉外民商事裁判文书,于当事人和社会公众而言,他们就无法知晓裁判结论得出的推理论证过程,而唯有以其个人仅有的知识架构和阅历经验去尽可能地接近法官真意,而这一尝试理解裁判结论的行为无疑极易"产生裁判不公的误解,丧失裁判文书缓解社会矛盾的功能,久而久之,有可能使公众视其为'恶法'而与之抵触或反抗"②。

涉外民商事案件的审理法官需要具备娴熟的法律推理和法律解释能力,具有将法律理论与生活事实进行勾连并专业化处理的司法技艺和理性沟通技巧。"理论所具有的解释、规范、批判、引导等实践功能,必将通过主体的理论经验参与、渗透到实践之中,通过主体思维对司法实践产生影响。法官所拥有的法律理性、法律的根本法则、法律本身的条理和结构、法律的操作技术和方法,以及据此而来的明晰、确定和可预测性,特别是在复杂法益关系中的平衡感与判断力等,无不作为理论经验渗透在个案裁判中。"③ 在涉外民商事裁判文书的释法说理书写中,法官应通过书写论理将以法官为代表的法律职业共同体对法律规则的理解展示出来,从而通过书写论理过程实现诉讼当事人及社会公众对裁判文书的接受与认

---

① 支振锋:《司法独立的制度实践:经验考察与理论再思》,载《法制与社会发展》2001 年第 5 期,第 77~78 页。
② 于晓青:《法官的法理认同与裁判说理》,载《法学》2012 年第 8 期,第 78 页。
③ 于晓青:《法官的法理认同与裁判说理》,载《法学》2012 年第 8 期,第 81 页。

可，通过书写论理来调和诉讼当事人、法官及社会公众显见或潜在的冲突。涉外民商事裁判文书应着眼于实体法方法与冲突法方法、整体论与分割论、主观论与客观论、国际条约与国际惯例等适用中的具体表征，着力解决法律选择、法律适用问题，找寻应适用的、正确的法律规范，创制解决纷争的法律规则，实现准据法选择、意思自治原则与最密切联系原则适用中的准确性与可信服性。